Tinas_Galaxy
Tina Schwendemann
Das Geheimnis des Kartenlegens
nach Mlle Lenormand

SchweTi-Verlag
Bad Mergentheim

Die Autorin
Tinas_Galaxy pseudonym für Tina Schwendemann, ist Jahrgang 1974 und arbeitet seit 1999 unter dem Pseudonym. Schon lange beschäftigt sie sich mit dem Kartenlegen und dem Pendeln. Von Anfang an legt Sie die Karten mit einem Kartensatz der „Mlle Lenormand-Karten". Bevor sie für andere Menschen die Karten legte, machte Sie eine Ausbildung zur Psychologischen Beraterin und zur Trainerin für NLP (=Neuro-Linguistisches Programmieren, Therapieform). In diesem Buch schreibt sie Ihre eigene Erfahrung mit dem Kartenlegen und ihre eigenen Kombinationen und Deutungen zum ersten Mal nieder.

Persönlich kann man sich die Karten unter folgenden Nummern bei der Autorin legen lassen:

Tinas_Galaxy   0190-735475   1,24€/min.
              oder   07931-964757

Außerdem haben Sie die Möglichkeit im Internet nachzuschauen unter:

www.Tinas-Welten.de oder **www.Tinas-Galaxy.de**

ISBN 3-00-012125-0

Copyright   2003 SchweTi-Verlag, Bad Mergentheim
Erste Auflage

Alle Rechte der Verbreitung vorbehalten

Satz & Layout: MediServ Dienstleistungen, 91550 Dinkelsbühl
Umschlaggestaltung: Mathias Breuker, MediServ Dienstleistungen
Druck und Bindung: Missions**Druckerei&Verlag** Marianhill, 86756 Reimlingen
Printed in Germany

Trotz sorgfältigem Lektorat schleichen sich manchmal Fehler ein. Autoren und Verlag sind Ihnen dankbar für Anregungen und Hinweise!

Inhaltsverzeichnis

Warum dieses Buch...	1
Was bedeutet für uns Mystik oder Esoterik	1
Die Geschichte der „Mlle-Lenormand-Karten"	2
Die 36 Karten nach Mlle Lenormand	3

Bedeutungen und Kombinationen der einzelnen Karten

Reiter	Karte 1...........	4	Störche....... Karte 17..........	67
Klee	Karte 2...........	7	Hund .... Karte 18..........	71
Schiff	Karte 3...........	11	Turm........... Karte 19..........	75
Haus	Karte 4...........	15	Park............ Karte 20..........	79
Baum	Karte 5...........	19	Berg..... Karte 21..........	83
Wolken ...	Karte 6...........	23	Wege...... Karte 22..........	87
Schlange ...	Karte 7...........	27	Mäuse..... Karte 23..........	91
Sarg	Karte 8...........	31	Herz..... Karte 24..........	95
Blumen ...	Karte 9...........	35	Ring..... Karte 25..........	99
Sense	Karte 10........	39	Buch...... Karte 26..........	103
Ruten ...	Karte 11........	43	Brief..... Karte 27..........	108
Eulen	Karte 12........	47	Herr...... Karte 28..........	111
Kind	Karte 13........	51	Dame.... Karte 29..........	115
Fuchs ...	Karte 14........	55	Lilie..... Karte 30..........	119
Bär	Karte 15........	59	Sonne..... Karte 31..........	123
Sterne ...	Karte 16........	63	Mond..... Karte 32..........	127
			Schlüssel... Karte 33..........	131
			Fische..... Karte 34..........	135
			Anker..... Karte 35..........	139
			Kreuz..... Karte 36..........	142

Tipps zum Kartenlegen...	146
Das Mischen und Auslegen...	146
Signifikator – Was ist das?..	146
Die Zeit im Kartensystem..	147
Richtige Fragestellung beachten....................................	147

Die Legesysteme im Einzelnen...		148
Legesystem Nr. 1.......	Gesamtbild.............................	149
Legesystem Nr. 2.......	Kleines Gesamtbild...................	151
Legesystem Nr. 3.......	Allgemeiner Überblick..............	153
Legesystem Nr. 4.......	Persönlicher Überblick..............	154
Legesystem Nr. 5.......	Tageskarte.............................	155
Legesystem Nr. 6.......	3er-Karten Reihe.....................	156
Legesystem Nr. 7.......	Der Siebenerweg....................	156
Legesystem Nr. 8.......	Keltisches Kreuz.....................	158
Legesystem Nr. 9.......	Kleines Kreuz.........................	160
Legesystem Nr. 10......	Problembewältigung................	162
Legesystem Nr. 11......	Problementscheidungsspiel.......	163
Legesystem Nr. 12......	Entscheidungsspiel..................	164
Legesystem Nr. 13......	Allgemeine Wochenlegung........	165
Legesystem Nr. 14......	Wochentagslegung..................	166
Legesystem Nr. 15......	Jahreslegung..........................	167
Legesystem Nr. 16.....	Das Geheimnis.......................	169
Legesystem Nr. 17.....	Beziehungsspiel......................	170
Legesystem Nr. 18.....	der Werdegang.......................	171
Legesystem Nr. 19.....	Partnerschaftsanalyse.............	172
Legesystem Nr. 20.....	Partnerentscheidung...............	173
Legesystem Nr. 21.....	Momentanzustand der Beziehung	174
Legesystem Nr. 22.....	Berufslegung..........................	175
Legesystem Nr. 23.....	Richtungsweiser.....................	176
Legesystem Nr. 24.....	Der Gefühlszustand.................	177

Gesundheitsbereich... 178
Gesundheitskombinationen....................................... 180
Gesundheitslegesystem.. 185

Nachwort / Danksagung 186

Warum diese Buch ?

Ich habe mich lange gefragt, ob ein Buch zu den Mlle Lenormand Karten überhaupt noch notwendig ist. Mich haben immer die Karten fasziniert, es gab aber für mich weder ein Buch, noch ein Kartenbild, das meine Gedankenfreiheit erlaubt hat. Deshalb habe ich mich dafür entschieden ein Buch zu schreiben, indem es nicht nur Möglichkeiten gibt, sondern das auch zum überlegen anregen soll. Dazu habe ich Karten malen lassen, die mir eindeutig ohne großes Drumherum, die eigentliche Deutung darstellt. Damit ich durch das Betrachten nicht von vielem abgelenkt werde. Auch gaben mir meine Engel die Kraft dieses Buch durchzuführen. Sie und die geistige Welt haben mich geleitet, um genau das Auszudrücken was ich auch meine.
Während andere die Karten aus seelischer, psychischer oder Mystischer, oder gar aus esoterischer Sicht sehen ging ich einfach von meiner Gabe aus, die ich habe.

Was bedeutet denn für uns Mystik oder Esoterik?

Mystik ist einfach definiert, durch Schließung meiner Augen, trete ich in Seeleneinheit mit Gott.
Esoterik ist definiert, innerlich geheim, nur für eingeweihte Verständlich.
Das heißt also für mich, wenn ich das Buch nach dem esoterischen Aspekt schreibe, das viele Menschen es nicht verstehen werden, weil Sie nicht in die Esoterik eingeweiht sind, und wenn ich es nach dem mystischen Aspekt schreibe, bringt es nicht viel, da die Schließung der Augen um mit Gott in eine Seeleneinheit zu treten, für jeden Menschen unterschiedlich sein kann.
Deshalb widme ich dieses Buch der geistigen Welt.

Nun möchte ich allen Danken, die mir geholfen haben mein eigenes Buch mit Kartensatz zu verwirklichen.

Die Geschichte der „Mlle-Lenormand-Karten"

Die ersten traditionell niedergeschriebenen Kartenbegleittexte gibt es schon sehr lange und seit dieser Zeit faszinieren uns diese Karten. Immer wenn Sie betrachtet werden, fingen Sie an Geschichten zu erzählen.

Marie Anne Adelaide Lenormand

wurde am 27.Mai 1772 in Alencon in der Normandie geboren und war die mithin populärste Wahrsagerin aller Zeiten. Sie hatte den Namen „ Die Sybille von Paris" bekommen.

Mlle Lenormand, die berühmteste aller Kartenlegerinnen, deren Ruhm sogar den großen Kaiser der Franzosen, sowie Napoleon veranlasst hat, sich die Karten von Ihr legen zu lassen.

Sie habe den Brand von Moskau, sowie den gänzlichen Zusammenbruch und die zügellose Flucht des großen Heeres aus Russland voraus. Es wurde berichtet das der Siegesgewohnte Korse sie wutentbranntet verließ, nachdem Sie trotz Drohungen keine andere Antworten gab, als die die aus der Lage der Karten klar zu erkennen war.

Klar gab es schon Jahrhunderte vorher Spielanleitungen, fast solange wie es das variantenreiche Spiel der kleinen bunten Karten gibt, hat es immer Kartenlegerinnen, berühmte und weniger Berühmte gegeben. Doch Mlle Lenormand ist die „Mutter aller Kartenlegerinnen" da Sie zum ersten Mal feste Regeln, Legearten und Deutungen hinterließen.

Die Mlle-Lenormand-Karten sind sehr vielfältig, sehr vielschichtig und sehr schön anzuschauen.

Die 36 Karten nach Mlle Lenormand

Die Karten sind sehr vielschichtig und vielseitig, deshalb sollte jeder der mit den Karten arbeitet, sein eigenes Gespür für die Karten finden.

Machen Sie ein Experiment:
Legen Sie sich die Karte Nr1, der Reiter, heraus. Schau Dir die Karte genau an, und notiere Dir auf einem Zettel, was Sie Dir bei dem ersten Anblick sagt. Jetzt stell Dir vor, Du bist in der Szene als Beobachter. Stell Dir die Verbundenheit vor. Gehe nicht von Gut oder Böse aus. Stell Dir einfach die Bedeutung vor und achte darauf ob Dir die Karte eine Geschichte erzählt. Dieses Gefühl sollst Du ins Hier und Jetzt mitnehmen.

Dies ist eine Übung, die Sie mit allen 36 Karten machen können. Machen Sie es aber nur, wenn Sie Ruhe haben und wenn es Ihnen Spaß bringt. Denn nur dann ist es sinnvoll.

für eigene Eintragungen

Karte 1:
Der Reiter | Herz 9

Allgemein:
positiv, Glücksbote, Freude, Realität, Überraschung, geistige Reise, unterwegs sein. Die Karte die auf dem Reiter liegt zeigt die Gedanken und Wünsche an, während die umliegenden Karten die Realität spiegeln

zeitlich:
es kommt etwas auf uns zu

bezüglich
Liebe: neue Unternehmungen
Beruf: neue Chance
Gesundheit: Mut, Hoffnung

Einzelaussage:
Glückskarte. Ihre Laune sollte heute bestens sein, es kann gar nichts passieren. Was Sie heute planen nimmt ein gutes Ende.

Charaktereigenschaft:
sportlich, spritzig, unterwegs sein, arrogant, steht gerne im Mittelpunkt, flotter Gesellschafter

äußeres Erscheinungsbild:
schlanker sportlicher Typ mit meist hellen Augen / Haaren

Bezug auf die Skatkarte:
positiver Wunsch nach Liebe und Verbundenheit, wird meist Realität

Kombinationen zur Karte 1 Reiter / Herz 9

Klee	Gewinn in kurzer Zeit / Glück steht kurz bevor
Schiff	Benachrichtigung aus der Ferne / Aufbruchstimmung
Haus	glückliche Nachricht kommt ins Haus / Wohnungssuche ist erfolgreich
Baum	vorankommen / zufriedene Entwicklung auf Dauer
Wolken	Unberechenbare glückliche Fügung, unerwartet
Schlange	Frau bringt Glück trotz Intrigen / Vorankommen auf Umwegen
Sarg	kurzfristige Pause / Stopp in –innehalten / Gesund werden
Blumen	Blumenbote / positive Nachricht eine junge Frau betreffend
Sense	plötzlicher unerwarteter Besuch / plötzliche Nachricht
Ruten	trotz Streit positiver Kontakt / Verbindungen kommen zustande
Eulen	zwiespältige Nachricht / unsichere Nachricht
Kind	positive Nachricht was ein Kind betrifft / Neuigkeiten werden kommen
Fuchs	Lügen die Nachrichten betreffen / Gedanken sind falsch
Bär	inhaltsvolle Nachricht einer älteren Person, meist weiblich
Sterne	angenehme Erlebnisse / schöne Zeit lässt aufatmen
Storch	positive Veränderung der geistigen Einstellung
Hund	Unternehmungen die mit einem Freund stattfinden

Turm	gedankliche Trennung schon vollzogen
Park	unterwegs sein / lustige Unternehmungen
Berg	Blockade von Nachrichten / gute Nachrichten wird man nicht Erfahren wollen
Wege	den richtigen Weg gehen / glückliche Entscheidung
Mäuse	Negativem wird der Rücken gekehrt / Abbruch von Nachrichten
Herz	positive Nachrichten was die Liebe betrifft
Ring	Fortgang einer Beziehung / neue Kontakte in Liebesdingen
Buch	Geheimnis kommt auf uns zu
Brief	schriftliche Benachrichtigung
Herr	glücklicher Mann / Wunsch-Traummann
Dame	glückliche Frau / Traumfrau
Lilie	sexuelle Kontakte / Unternehmungen mit der Familie
Sonne	angenehme schöne warme Zeit / Kraft und Energie kommt
Mond	klare Gedanken / Psyche verbessert sich
Schlüssel	absolut sichere Nachricht
Fische	kurzfristiger Geldfluss
Anker	neue Chancen / berufliche Verbesserung in Sicht
Kreuz	Kummer / gute Nachrichten bleiben aus

Karte 2:
Der Klee | Karo 6

Allgemein:
kleine Freude, kurzes Glück

zeitlich
in Kürze, meistens in 2-4 Wochen, weniger als 7 Wochen

bezüglich
Liebe: wunderbare Zeiten
Beruf: glücklicher Abschnitt, glückliche Zeiten
Gesundheit: schnelle Genesung

Einzelaussage:
Die Zeit ist günstig. Pläne sollten möglichst bald entwickelt und verwirklicht werden. Dann ist ein positiver Ausgang sicher.

Charaktereigenschaft:
Leichtigkeit, Problemlosigkeit, Unverbindlichkeit

äußeres Erscheinungsbild:
Eher kräftigere Statur als zierlich, fast immer braune Haare

Bezug auf die Skatkarte:
materieller Zugewinn innerhalb kürzester Zeit

Kombinationen zur Karte 2 Klee / Karo 6

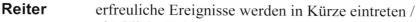

Reiter	erfreuliche Ereignisse werden in Kürze eintreten / glückliche Zeit
Schiff	Urlaub in naher Umgebung / kurzfristige Reise
Haus	erfreuliche Botschaften kommen ins Haus / Glück was das Zuhause betrifft
Baum	Beginn einer Beziehung in Kürze / Anfang eines neuen Lebensglücks
Wolken	Situation ist kurzzeitig negativ, positives kommt / glückliche Wende
Schlange	entfernen von schlechter Frau in meiner Umgebung / positive Wende
Sarg	glücklicher Neuanfang / momentan müde, schlapp, nicht aktiv
Blumen	Glück / Freude
Sense	Streitigkeiten die zum Glück führen / plötzliche Auseinadersetzungen
Ruten	kurzfristige Diskussionen / undurchsichtige Gespräche
Eulen	mehrfach auftretendes Glück
Kind	kleines beginnendes Glück / Glück was das Kind betrifft
Fuchs	Lügen die das Glück betreffen / Lügen die glücklich machen

Der Klee 2

Bär	glückliche Zeiten, die durch Diplomatie einem Mann gegenüber kommen
Sterne	Klarheit der Gedanken wird kommen / Klarheit wird in ein paar Tagen kommen
Storch	Veränderungen die nicht unbedingt Glück bringen / Hinweis auf eine Glücksphase
Hund	Freundschaft die nur kurzzeitig hält / Spaß mit Freunden
Turm	Grenzen werden gesetzt / Trennung in der Beziehung, obwohl noch Gefühle vorhanden sind
Park	Spaß in einer Gesellschaft
Berg	Blockaden die kurzfristig vorüber gehen / momentan ist es noch Spaß, aber bald wird Ernst daraus
Wege	Entscheidung wird bald getroffen / kurze Wegstrecke
Mäuse	Glück wird durch Ärger ersetzt / Glück vergeht
Herz	Glück in Herzensdingen / liebevoller Umgang die nächste Zeit
Ring	Beziehung innerhalb kürzester Zeit / absolutes Glück in der Liebe
Buch	um Spaß zu haben muss man noch ein paar Tage warten / ein Geheimnis lüftet sich
Brief	kurzfristiger Kontakt / kurzfristig kommt eine Nachricht auf Dich zu
Herr	Glückskind / eine glückliche Zeit kommt schnell auf die Hauptperson zu

Dame	Glückskind / eine glückliche Zeit kommt schnell auf die Hauptperson zu
Lilie	Glück das über die Familie kommt / glückliche Sexualität
Sonne	zusätzliche Glück / Glück wird noch mehr werden
Mond	Nachdenken über eine Situation (meist umliegende Karten) / Anerkennung für gutes Handeln
Schlüssel	kurzfristige Sicherheit / Glück gibt Sicherheit
Fische	Geld das in Kürze kommt / gute Zeit für Glücksspiele
Anker	eine Arbeit die Spaß macht / eine Teilzeitstelle ist genau richtig
Kreuz	glückliches Ende / glücklicher Ausgang

3er-Kombination zur Karte 2: der Klee / Karo 6
(als Beispiel nur einige Kombinationen)

Reiter + Sterne	über einen kurzen Weg kommen
Reiter + Mond	nach kurzem Nachdenken wird das Glück kommen
Kreuz + Ring	vernünftiges Ende einer Beziehung
Kreuz + Anker	eine Arbeit die Spaß macht wird beendet
Lilie + Storch	Sexualität führt zu einer gewollten Schwangerschaft
Lilie + Dame	glückliches familiäres Umfeld

Karte 3:
Das Schiff | Pik 10

Allgemein:
hat immer mit einer Reise zu tun, die nicht zu Fuß gemacht werden kann. Auch seelische Reise, Wunschträume, Sehnsucht

bezüglich
Liebe: eine seelische Reise zu mir selbst, zum eigenen Ich
Beruf: Überlegungen zum Beruf, Richtigkeit
Gesundheit: wirkliche Ursachen der Erkrankung erforschen

Einzelaussage:
Geduld ist jetzt gefragt, nichts überstürzen, abwarten, gelassen bleiben zahlt sich später aus.

Charaktereigenschaft:
das Weite liebend, hasst es in Räumen eingeengt zu sein, Gerne unterwegs, abenteuerlustig

äußeres Erscheinungsbild:
ausländisch aussehende Person, aller Nationalitäten möglich

Bezug auf die Skatkarte:
weite Reise

Kombinationen zur Karte 4 Schiff / Pik 10

Reiter	gute Nachricht kommt von weit her / Reise zur See
Klee	kurze glückliche Reise
Haus	Heimreise / Sehnsucht nach neuen Lebensumständen
Baum	schicksalhafte Reise / Sehnsucht die noch lange hält
Wolken	Distanz bringt Besserung einer Situation / Reise mit schlechten Einflüssen
Schlange	Verzögerungen / Reise mit vielen Umwegen und Turbulenzen
Sarg	Reise kommt zu einem späteren Zeitpunkt / Krankheit auf einer Reise
Blumen	eine Frau wohnt weiter weg / nette freundliche Reisegesellschaft
Sense	Aufregungen die eine Reise betreffen / plötzlicher Aufbruch zu einer Reise
Ruten	Gespräche über eine Reise / Streitigkeiten wegen einer Reise
Eulen	eine Reise mit zwiespältigen Gefühlen / eine Reise die zwei Wegen als Möglichkeit hat
Kind	ziellose Reise / Reise von kurzer Dauer / Kinderwunsch der unerfüllt bleibt
Fuchs	Lügen was eine Reise betreffen / Fehlschlag
Bär	schwere Reise, die man nicht gerne macht / ein nicht realer Mann den man gerne hätte

Sterne	Astralreisen / Reise durch eine Traumwelt, die Wahr wird
Storch	Veränderungen einer Reise / eine Reise führt wo anders hin als geplant
Hund	freundschaftliche Reise / Sehnsucht nach Freunden
Turm	Reise nicht innerhalb Deutschlands / hoffen auf Distanz
Park	Reise in Gesellschaft, oft Fremde
Berg	frustrierende Reise / Blockade auf Reisen
Wege	verschiedene Reisewege / Reise erst in ca. 6 Wochen / Entscheidung steht noch aus
Mäuse	Verlust einer Reise / Sehnsucht geht vorüber
Herz	Reise aus Liebe / Distanz in der Liebe / Liebessehnsucht
Ring	geplante Rundreise / Wochenendpartnerschaft / nicht erfüllte Beziehung
Buch	etwas liegt im Verborgenen / Gewinn einer Reise
Brief	Nachricht von weit her / Nachricht ist schon unterwegs
Herr	Hauptperson wohnt weiter weg
Dame	Hauptperson wohnt weiter weg
Lilie	familiäre Reise / Sehnsucht nach Sex
Sonne	Südsee-Reise / Reise die Kraft und Energie bringt

Mond	sehr viele Wünsche die unerfüllt bleiben
Schlüssel	Reise endet wie geplant / eine Reise verläuft mit Sicherheit problemlos
Fische	Reise die Geld bringt / Reise die sehr viel Geld kostet
Anker	berufliche Reise / Ausflug mit der Firma / Arbeitsstelle die weit weg ist
Kreuz	karmische Reise / Sehnsucht nach einer anderen Umgebung

3er-Kombinationen zur Karte 3: das Schiff / Pik 10
(als Beispiel nur einige Kombinationen)

Reiter + Sterne	weite Reise, längere Urlaub
Storch + Haus	häuslicher Bereich
Storch + Anker	beruflicher Bereich
Storch + Herz	Liebespaar
Baum + Kind	man will der eigenen Illusion glauben
Anker + Schlüssel	berufliche Reise die mit Sicherheit kommt
Kind + Fische	Geld für ein Kind
Kind + Ring	sehr enge Bindung zu einem Kind
Sense + Ruten	Streitigkeiten und Diskusionen, die nicht auf einer Reise zu beheben sind
Sense + Kind	Streitigkeiten wegen einer Reise zu einem Kind

Karte 4:
Das Haus | Herz König

Allgemein:
eigenes Haus/ Wohnung, Festigkeit, Stabilität oder der eigene Körper, das eigene Ich.

bezüglich
Liebe: Stabilität
Beruf: höhere Position, Beförderung,
Gesundheit: allgemein den ganzen Körper betreffend

Einzelaussage:
Planen sie nicht nur bis morgen, sondern lange im Voraus. Ihre Ziele im Auge behalten und stetig daraufhinarbeiten müsste Ihre Dewiese sein. Langfristige Sicherheit sollte alles für Sie sein.

Charactereigenschaften:
häuslich, Standhaftigkeit, sich heimisch fühlen, Gemütlichkeit, sichert den Zusammenhalt in der Familie, stabil im Charakter.

äußeres Erscheinungsbild:
kräftiger aber doch sportlich wirkender Typ, konservativer Typ mit meist dunklem Haar

Bezug auf die Skatkarte:
zweiter Mann der Fragestellerin / Liebhaber

Kombinationen zur Karte 4: das Haus / Herz König

Reiter	positive Nachricht was die Wohnungssuche angeht / Wohnungssuche wird erfolgreich sein
Klee	Glück kommt ins Haus / Wohnungssuche wird klappen
Schiff	Umzug in ein Haus oder Wohnung die weit weg ist
Baum	gesunder Mensch, frei von Krankheit / Haus das man für sehr lange bezieht
Wolken	stabil gebautes Haus, das aber Kummer bereitet / Situation die die Wohnung betrifft wird sich bessern
Schlange	Schwierigkeiten die das eigene Zuhause betreffen / ein Haus bekommt man auf Umwegen (umliegende Karten beachten)
Sarg	Altenheim, Krankenhaus / Schäden an der Substanz des Hauses
Blumen	Besuch kommt aus erfreulichem Grund (umliegende Karten beachten) / Haus ist mit viel Liebe eingerichtet
Sense	Haus ist verschuldet / plötzliches unerwartetes neues Wohnungsangebot
Ruten	Streitigkeiten mit der Nachbarschaft / Wohnungswechsel, Umzug deswegen
Eulen	zwei Wohnungen, wo bei eine davon Ärger macht / Unruhe was die Nachbarschaft betrifft
Kind	Umzug in ein Haus / Neubeginn in einer neuen Wohnung

Fuchs	man fühlt sich in der Wohnung nicht wohl / falsches Haus, Umzug nicht zu empfehlen
Bär	Stabilität im eigenen Zuhause / älterer Mann, der oft den Ex-Mann darstellt
Sterne	positives Haus, das gut für die Psyche ist
Storch	Veränderung der Wohnsituation / Veränderungen stehen ins Haus
Hund	der Mieter der einzieht bleibt einem Treu / vertrauenswürdiges Haus
Turm	Verkauf des Hauses / Haus steht im Ausland
Park	öffentliches Haus, wo viele Menschen sind / sehr großes Haus
Berg	ungewöhnliche Wohnsituation / Blockade die das Zuhause betreffen
Wege	Zurückzug nach Hause / Schwierigkeiten lösen sich auf
Mäuse	Verlust der Wohnung durch Einfluss von anderen
Herz	Liebe zu Dir selbst / Liebe zur Wohnung, ist genau die Richtige
Ring	Vertrag zum Hauskauf / Lebensverbindung sehr stabil
Buch	es werden noch Gespräche geführt über den Hauskauf / Lebensumstände liegen noch im geheimen
Brief	kurzfristiger Bezug eines Hauses / notarielle Unterlagen zum Hauskauf
Herr	Hausherr

Dame	Hausfrau
Lilie	harmonische Wohnung / Familienwohnung, mindestens 2 Generationen
Sonne	man fühlt sich absolut wohl in der Wohnung / man wohnt hier sehr gerne
Mond	Haus direkt in der Nähe / Gedanken zu einem Haus
Schlüssel	man kann sich mit Gewissheit ein Haus kaufen, leisten
Fische	sehr teure kostspielige Wohnung / Luxuswohnung die man nicht unbedingt braucht
Anker	Heimarbeit / freiwillig fest gebunden an das Haus
Kreuz	Haus das immer mehr das eigene wird, auch vom Herz her gesehen

3er-Kombinationen zur Karte 4: das Haus / Herz König
(als Beispiel nur einige Kombinationen)

Reiter + Sterne	Einladungen aus dem Freundeskreis
Berg + Mäuse	Blockaden wegen einer Wohnung, die zum Verlust führen
Hund + Schlange	Wohngemeinschaft
Klee + Schiff	glückliche Wohnungssuche, die kurzfristig kommt
Dame + Lilie	Geliebte wohnt im eigenen Haus

Karte 5:
Der Baum | Herz 7

Allgemein:
Gesundheit, Ruhe, Beständigkeit, Stabilität, Trägheit, Langeweile

zeitlich
kann Jahre dauern, mindestens 9-12 Monate

bezüglich
Liebe: dauerhafte lebenslange Beziehung, keine Trennung in Sicht
Beruf: Dauerstellung, wahrscheinlich ein Leben lang
Gesundheit: sehr guter Zustand

Einzelaussage:
Es dauert noch, bis das Ergebnis so ist, wie Sie es möchten, aber Sie werden es schaffen. Gut Ding will Weile haben.

Charaktereigenschaft:
naturverbunden, stiller Mensch, ruhig, ausdauernd

äußeres Erscheinungsbild:
große Person, größer als 1,75 cm, auch als Person mit einem Gebrechen, das aber vorüber geht

Bezug auf die Skatkarte:
zeigt Untreue, Falschheit, Lüge oder eine heimliche Liebe die Lange anhält

Kombination zur Karte 5 der Baum / Herz 7

Reiter	Nachrichten bringen Ruhe ins Leben / Elan wird gefördert
Klee	Glück wird kommen, wie schnell hängt von den umliegenden Karten ab
Schiff	geistige Beziehungsreise / Sehnsucht die lange bleibt
Haus	stabiler gesunder Körper, absolut gesund / Heimat verbunden
Wolken	Krankheit löst sich langsam auf / Genesung einer schweren Krankheit
Schlang	Aufregung kommt auf / Zwänge lösen sich auf
Sarg	seelische Belastung, die sich körperlich auswirkt / Erkrankung die bald wieder vorbei ist
Blumen	allerbeste Freundin / engste Vertraute
Sense	Bedrohung / absolute Gefahr / Lebensgefahr
Ruten	Therapie / Streitigkeiten immer wegen des gleichen Themas
Eulen	Menschen mit Psychischen Problemen / Sorgen bleiben noch lange
Kind	neuer Lebensbereich / neuer Lebensabschnitt beginnt langsam
Fuchs	Vorsorgeuntersuchungen machen lassen / falschen Weg im Leben gehen
Bär	tiefe Freundschaft zu einem Mann / Situation aus dem früheren Leben

Sterne	mediale Beziehung / tiefe andauernde Gefühle
Storch	Veränderungen die das Leben betreffen / Änderungen der persönlichen Situation
Hund	enge vertraute Freundschaft / lebenslange Bindung aus Freundschaft
Turm	lang anhaltende Einsamkeit / Rückzug aus der Beziehung
Park	Menschen um einen herum langweilen sich / stabiles Leben
Berg	absolute Blockaden / anhaltende Schwierigkeiten und Frustrationen
Wege	Auf eine Entscheidung muss man noch lange warten / stabiles Leben
Mäuse	körperliche Krankheit, auf keinen Fall psychisch bedingt / Verdacht einer Erkrankung
Herz	eine Liebe die ein lebenslang hält / Lebensglück
Ring	Bindung fürs Leben / Bindung die ewig hält
Buch	ein Lebensgeheimnis wird sich auflösen / Geheimnisse lösen sich erst viel später auf
Brief	Kontakt aus der Vergangenheit / eine Nachricht die lange auf sich hat warten lassen
Herr	langweiliger Lebenspartner, von dem man sich trotzdem nicht trennt
Dame	Lebenspartnerin, die Schwung in Ihrem leben sucht

Lilie	lang andauernde harmonische Beziehung / extreme Bindung an die Familie
Sonne	Zeiten werden glücklich / Gesundheit bleibt stabil
Mond	Gedanken die einen nicht loslassen / Depressionen werden kommen
Schlüssel	Bestimmungen bringen Sicherheit / Sicherheit bleibt lange bestehen
Fische	dauerhafte regelmäßige Einnahmen / eine Angelegenheit ist nicht wirklich zu sehen (umliegende Karten beachten)
Anker	dauerhafter Arbeitsplatz / Lebensberuf / Beamtenstatus
Kreuz	Genesung von anderen bestimmt / Langeweile in überdimensionaler Form

3er-Kombinationen zur Karte 5: der Baum / Herz 7

(als Beispiel nur einige Kombinationen)

Lilie + Sonne	lang andauernde glückliche Beziehung mit ausreichend Sexualität
Schiff + Haus	Kuraufenthalt
Kind + Sonne	Krankheit geht vorüber, danach bleibt die Gesundheit stabil
Anker + Haus	Arbeit zu Hause aus gesundheitlichen Gründen
Fische + Mäuse	eine Angelegenheit geht positiv aus in Gesundheitsdingen

Karte 6:
Die Wolken | Kreuz König

Allgemein:
gespalten sein, Zwiespalt, zweifach, kränklich, Unbeständigkeit, Seelenkummer

bezüglich:
Liebe: Krisen und Unklarheiten
Beruf: Ängste und Schwierigkeiten
Gesundheit: Ansteckungsgefahr

Einzelaussage:
auch wenn es zurzeit alles andere als gut aussieht, mit genügend Vorsicht werden Sie es schaffen. Gefahren sind ernst zunehmen aber doch nicht unausweichlich.

Charaktereigenschaften:
Launenhaftigkeit, Unberechenbar, gewissenhaft

äußeres Erscheinungsbild:
schlank und hager mit hellen Haaren, gepflegtes unauffälliges Äußeres

Bezug auf die Skatkarte:
älterer Mann mit einer gespalteten Persönlichkeit, meist Studierter

Kombinationen zur Karte 6 die Wolken / Kreuz König

Reiter	schlechte Nachrichten, was eine Unternehmung angeht / Unklarheiten werden auftauchen
Klee	Glück wird durch negatives bedroht (auf umliegende Karten achten)
Schiff	Sehnsüchte die einen selbst kaputt machen / negatives was eine Reise betrifft
Haus	Gefahren betreffen das eigene Zuhause / das Umfeld bedroht das eigene zu Hause
Baum	Erkrankungen die ernst zunehmen sind
Schlange	bösartige Frau, oft auch kriminell / negativer Einfluss von einer Person
Sarg	Krankheit hält noch an / Krankheit hat einen sehr schwierigen Heilungsprozess
Blumen	Ängste die eine Frau hat / Besuch vor dem man Angst hat
Sense	Überraschung die negativer erscheint als Sie ist / Achtung ! Gefahr
Ruten	ernstzunehmender Streit wegen… (umliegende Karten beachten) / Gespräche die keine Klarheit bringen
Eulen	großer Kummer / Unklar in welche Richtung man im Leben gehen soll

Kind	Ängste die einen Neuanfang betreffen / ein Kind hat Ängste
Fuchs	Vorsicht vor Betrug / zwiespältige Persönlichkeitsentwicklung bei einem Erwachsenen
Bär	Instabilität bei einer Person / Angst die ein Mann hat
Sterne	Angst in der Dunkelheit / verwirrt sein / Reisen in die Astralwelt
Storch	Änderungen die als Bedrohung genommen werden / Veränderungen mit negativen Auswirkungen
Hund	eine Freundschaft ist bedroht auseinander zu gehen / man versteht den Freund nicht
Turm	man isoliert sich von anderen Menschen / man muss sich selbst Grenzen setzten
Park	Gesellschaft die man nicht so ganz durchschaut / kriminelles Umfeld
Berg	undurchsichtige frustrierende Blockaden
Wege	Entscheidungen vor denen man Angst hat müssen getroffen werden / unklare Wege die man trotzdem gehen muss
Mäuse	Verlust von wichtigen Menschen / emotionale Trennung von einer Person
Herz	Liebe schadet mehr als Sie gut tut / Liebeskummer / Liebe verliert Ihre Stabilität

Ring	Beziehung ist bedroht (auf umliegende Karten achten) / Verbindungen sind noch nicht klar
Buch	ein Geheimnis das einem Angst macht / undurchsichtige Geheimnisse
Brief	Nachricht die einem selbst Angst bereitet / trübe Gedanken spiegeln sich in einer Nachricht wieder
Herr	Hauptperson hat Ängste / eine Beziehung die nicht zu durchschauen ist
Dame	Hauptperson hat Ängste / eine Beziehung die nicht zu durchschauen ist
Lilie	Probleme in der Sexualität / Krankheiten im Bereich der Sexualität
Sonne	Kraftlosigkeit geht zu Ende / Energie regeneriert sich wieder
Mond	Angst-Panikattacken / Schwankungen in der Persönlichkeit eines Menschen
Schlüssel	Bedrohung kommt mit Sicherheit / unselbständige Person, braucht oft Unterstützung
Fische	Alkohol-Drogenmissbrauch - Suchtgefahr / kriminelle Geschäfte
Anker	Arbeitsplatz ist alles andere als Sicherheit / drohender Arbeitsplatzverlust
Kreuz	Bedrohung besteht in höchster Form

Karte 7:
Die Schlange | Kreuz Dame

Allgemein:
Frau, intelligent, niemals naiv, falsch, raffiniert, für einen Mann nicht die Richtige, Untreue, nicht sehr vertrauenswürdig

bezüglich:
Liebe: kann die neue Freundin / Geliebte des Mannes sein
Beruf: Förderung durch eine intelligente Frau
Gesundheit: den Darm betreffend

Einzelaussage:
Überlegen Sie gut, was Sie tun möchten, denn nur wenn Sie alles genau durchdacht haben, kommen Sie positiv aus der Situation heraus.

Charaktereigenschaften:
Intelligenz, gewisse Vorsicht, Falschheit, raffiniert, clever

äußeres Erscheinungsbild:
kräftige mollige Erscheinung, älter, braun bis schwarze Haare

Bezug auf die Skatkarte:
ältere Dame, Mutter, Großmutter

Kombination zur Karte 7 die Schlange / Kreuz Dame

Reiter	Gedanken, Treffen mit einer Frau / nette Nachrichten die eine Frau betreffen
Klee	Verstrickungen sind unklar / Vorsicht vor Versprechungen, werden meist nicht gehalten
Schiff	Vorsicht bei Reisen, kein eindeutiger Verlauf der Reise zu sehen / Intrigen durch eine bestimmte Person (umliegende Karten)
Haus	Stagnation die das eigene zu Hause betrifft / Wohnsituation ist störend
Baum	eine Frau die man schon lange kennt / Komplikationen durch eine Frau verursacht
Wolken	negative Ausstrahlung, krimineller Gedanke einer Frau / Gefahr droht
Sarg	Ruhezustand / Krankheitsverlauf ist nicht eindeutig
Blumen	eine Frau hat zwei Gesichter / eine Frau die zwar jung, aber intrigant ist
Sense	nette freundliche, aber gefährlich, hinterlistige Frau / Streitigkeiten mit dehnen man nicht rechnet
Ruten	Gespräche die wenig Wahrheit beinhalten / streitsüchtige falsche Frau
Eulen	redegewandte hinterlistige Frau / Sorgen die wegen einer Frau sind

Kind	Naivität was eine Freundin betrifft / Probleme mit den eigenen Kindern
Fuchs	eine gerissene Frau, der man vertrauen kann / Notlügen einer Frau
Bär	auf Umwegen Stabilität schaffen / falsche Frau für einen älteren Mann
Sterne	psychische Belastungen wegen einer Frau / Klarheit kommt nicht auf dem direkten Weg
Storch	eine Veränderung kommt noch nicht / Veränderungen wegen einer Frau
Hund	Freundin die es nicht gut mit einem meint / Vorsicht im Freundeskreis
Turm	Isolation durch Intrigen / Trennung von der falschen Frau
Park	Intrigen in der Öffentlichkeit
Berg	Blockaden die man zu Umgehen versucht / frustrierte Frau
Wege	von einer Frau wird eine Entscheidung verlangt / Alternativen werden aufgezeigt
Mäuse	Ängste zerstören einen selbst / Kontakt zu einer zweiten Frau hört auf
Herz	Probleme in Herzensdingen / eine andere Frau stört die Beziehung
Ring	Beziehung mit der falschen Frau / Verbindung die man schwer lösen kann

Buch	eine Geliebte / eine Frau die man geheim hält / Verschwiegenheit was eine Frau betrifft
Brief	Nachricht von einer Frau, die Schwierigkeiten bringt / Nachricht wird man auf Umwegen erhalten
Herr	falsche Frau für die Hauptperson / Hauptperson hat meistens eine Geliebte
Dame	falsche Freundin / Hauptperson hat Kontakt zur Geliebten des Mannes
Lilie	familiäre Beziehungen sind unklar / sexuelle Beziehung zu einer zweiten Frau
Sonne	Schwierigkeiten gehen zu Ende, Kraft und Energie kommt / schöne Zeiten mit einer anderen Frau als der Partnerin
Mond	Anerkennung durch eine Freundin
Schlüssel	Intrigen kommen mit Sicherheit / Sicherheit wird nur vorgetäuscht
Fische	Geld ist nur mäßig vorhanden / Schwierigkeiten wegen einer anderen Frau
Anker	Dinge sichern, nicht immer auf legalem Weg / Kollegin, die intrigiert am Arbeitsplatz
Kreuz	Kummer wegen einer Frau / Kontakt wird eingeschränkt

3er-Kombination zur Karte 7: die Schlange / Kreuz Dame
(als Beispiel nur einige Kombinationen)

Lilie + Fische   falsche Frau, die eine Partnerschaft nur zum Zweck führt

Karte 8:
Der Sarg | Karo 9

Allgemein:
die gegenwärtige Situation ist ungesund, kränklich, Verlust, gezwungene Ruhephase

bezüglich
Liebe: das Ende naht
Beruf: schnelles handeln erforderlich, Ende des Arbeitsverhältnisses
Gesundheit: Krankheit kommt und bleibt länger.

Einzelaussage:
Bringen Sie etwas zu Ende, die Situation macht Sie fertig. Änderungen müssen nun stattfinden.

Charaktereigenschaften:
depressiv, Seele ist kränklich, Pessimismus, negatives Denken.
Tod (nur wenn alle anderen Karten perfekt liegen) ansonsten symbolische Erneuerung, Wiedergeburt.

äußeres Erscheinungsbild:
dunkler Typ mit dunklen bis schwarzen Haaren, kräftige nicht schwache Erscheinung, groß mit „stechendem" Blick

Bezug auf die Skatkarte:
Idealismus

Kombinationen zur Karte 8: der Sarg / Kreuz 9

Reiter	gute Diagnose einer Krankheit / positiver Ausgang einer Krankheit
Klee	kurzfristiger Stopp im Krankheitsverlauf / Sorgen hören auf
Schiff	forschen nach der tatsächlichen Krankheit / Reise findet unerwarteter Weise doch statt
Haus	Heilung wird kommen / Heilung ist für immer
Baum	Gesundheitszustand ist stabil / Müdigkeit, ausgelaugt sein
Wolken	Heilung kommt sehr langsam, aber beständig / Krankheit geht langsam vorüber
Schlange	bei Krankheit tauchen Ungereimtheiten auf / psychische Krankheit wegen einer Frau
Blumen	man muss Medikamente nehmen / eine Frau die noch nicht gesund ist
Sense	plötzliche Krankheit / unerwartete Krankheit wird kommen
Ruten	Trennung / Leichtsinnigkeit führt zu einer Krankheit
Eulen	chronische Krankheit / Verlust der Gesundheit
Kind	Sorgen was ein Kind betreffen / absoluter Neubeginn
Fuchs	Diagnose ist falsch / man schaut ins leere
Bär	Eigeninitiative was die Heilung angeht
Sterne	Eingebungen auf medialer Ebene / Schlafstörungen

Storch	Veränderungen die eine Krankheit betreffen
Hund	bei einer Freundschaft besteht momentan kein Kontakt / Behandlung bis zum Ende durchführen
Turm	Krankheit die auf den ersten Blick nicht erkennbar ist
Park	Krankenhausaufenthalt / Kur- Rehamasnahme
Berg	blockieren der eigenen Genesung / Weigerung gesund zu werden
Wege	Behandlungsmethoden im Naturbereich bringen erfolg / andere Wege einschlagen, was die Behandlung einer Krankheit betrifft
Mäuse	Krankheit geht vorüber / Genesung durch einen Verlust
Herz	Liebeskummer / seelische Erkrankung dir durch die Liebe geheilt wird
Ring	Probleme bei einer Beziehung, kurz vor der Trennung / seelische Trennung / Ehe wird Aufgelöst
Buch	eine Krankheit, die nicht vorhanden ist / Ursache der Krankheit wird nicht erkannt / Naturheilverfahren
Brief	Krankmeldung für den Chef / Diagnose wird mitgeteilt
Herr	Hauptperson ist krank / Schwierigkeiten kommen auf die Hauptperson zu / Frauenkrankheit
Dame	Hauptperson ist krank / Schwierigkeiten kommen auf die Hauptperson zu
Lilie	sexuelle Neigungen, was nicht unbedingt nur das normale ist / Kummer, Krankheit in der Familie tritt auf

Sonne	Energie kommt zurück / völlige Heilung einer Krankheit
Mond	Erfolglos, was die umliegenden Karten betrifft / psychische Erkrankung die erst am Anfang steht
Schlüssel	sicherer stabiler Gesundheitszustand / irgendetwas bremst den Fortschritt (umliegende Karten beachten)
Fische	Alkoholismus, Suchterkrankung / Geld das schon als verloren galt, kommt doch noch
Anker	Berufskrankheit / Erkrankung die aufgrund des Berufes vorhanden ist
Kreuz	absoluter Verlust, aber kein Tod / Rückfall, Schwierigkeiten bei einer Erkrankung

3er-Kombinationen zur Karte 8: der Sarg / Kreuz 9
(als Beispiel nur einige Kombinationen)

Baum + Kind	Komplikationen durch eine Frau, die zum Neuanfang Führen
Kreuz + Fische	Rückfall in den Alkoholismus
Dame + Lilie	Krankheit der Hauptperson im sexuellen Bereich
Berg + Dame	Weigerung Gesund zu werden aufgrund der Partnerin
Reiter + Schiff	Kur, trotz positiver Diagnose

je nach Lage der einzelnen Karten, können Kombinationen mit der Karte 8: der Sarg, auch den Tod bedeuten, dies muss man aber selbst spüren, da es hier keine eindeutige Situation (Lage der Karten) gibt.

Karte 9:
Die Blumen | Pik Dame

Allgemein:
etwas schönes kommt,
nette kleine Gesellschaft, Geschenke

bezüglich
Liebe: klassische Verlobungskarte
Beruf: eine junge Dame hilft einem
Gesundheit: Heilung in Sicht, Vertrauen

Einzelaussage:
Benehmen Sie sich wie eine bessere Damen, nett, freundlich, zuvorkommen, und Sie werden Ihre Ziele erreichen

Personenkarte:
junge Dame, Freundin, Vertrauensperson

Charaktereigenschaften:
charmant, höflich, freundlich, gute Kinderstube, durch die Blume sprechend

äußeres Erscheinungsbild:
klein und schlank, meist zierlich mit blond bis rötlichen Haaren

Bezug auf die Skatkarte:
jüngere Freundin der Fragestellerin

Kombinationen zur Karte 9: die Blumen / Pik Dame

Reiter	gute Nachrichten, die erfreulich sind / kleine Geschenke kommen
Klee	Glück kommt / Geschenk
Schiff	glückliche Reise / erfreuliche Sehnsucht
Haus	Glück, Freude kommt ins Haus / angenehmer Besuch
Baum	Freundschaft zu einer Frau auf Dauer / spontane Freude die Glück auf Dauer bringt
Wolken	eine Frau wird umgänglicher
Schlange	Partnerschaft mit zwei Frauen / sehr viel Naivität bei einer Frau
Sarg	Krankheit hat einen erfreulichen positiven Ausgang
Sense	plötzlich unerwartete Überraschung, über die man sich freut / plötzliches Auftauchen einer Person
Ruten	Streitigkeiten haben einen glücklichen Ausgang / Gratulation zu einem Anlass
Eulen	Einladung von zwei Seiten / spontane Einladung
Kind	junges Mädchen, fast noch ein Kind / Naivität in der Partnerschaft
Fuchs	ein Geschenk ist mit Vorsicht zu genießen, es ist gut überlegen ob man es annimmt

Bär	deutet auf die Mutter oder eine ältere Freundin hin / befreundete nette ältere Frau
Sterne	Entwicklung zum Medialen / freudiger Besuch bringt Klarheit
Storch	erfreuliche Veränderungen die plötzlich kommen
Hund	glückliche, nette Freundschaften / guten Gefühl was die Freundschaft angeht
Turm	Trennung zu einer Frau, die aber Freundin bleibt / Naturheilkundlicher Beruf
Park	erfreuliche Veranstaltung
Berg	unerwünschter Besuch wird kommen / ein Besuch wird blockiert und ist frustrierend
Wege	Auswege die Freude bringen
Mäuse	einen Weggang kann man nicht verhindern / jemand verschwindet aus dem Leben
Herz	Liebesdinge werden gut gehen / erfreulicher Besuch
Ring	Glück in der Ehe / Heiratsantrag der mit ja beantwortet wird
Buch	eine noch unbekannte Frau kommt auf Dich zu / ein erfreuliches Geheimnis, das man erfährt
Brief	Geschenke ohne materiellen Wert werden kommen / erfreuliche Nachricht von einer Frau
Herr	Hauptperson hat eine zweite Frau / Hauptperson hat eine Tochter im Jugendlichen alter

Dame	Hauptperson ist wesentlich jünger als der Partner / Hauptperson ist freundlich und nett
Lilie	rein sexuelle Beziehung zu einer wesentlich jünger Frau / Familienfeier
Sonne	Entwicklung ist so wie man es sich wünscht / Zufriedenheit wird kommen
Mond	Depressionen lösen sich auf / Nervosität was den Partner betrifft
Schlüssel	mit Sicherheit eine Überraschung
Fische	ein sehr wertvolles, teures Geschenk bekommt man / Alkoholismus bei Frauen
Anker	nette hilfsbereite Kollegin / der Beruf bringt Glück und Freude
Kreuz	Freude, Glück das Probleme mit sich bringt / Beeinflussung nimmt ab

3er-Kombinationen zur Karte 9: die Blumen / Pik Dame
(als Beispiele nur einige Kombinationen)

Haus + Ring	Verlobungsantrag
Haus + Kind	Familienplanung
Anker + Sense	Streitigkeiten mit einer wesentlich jüngeren Kollegin
Reiter + Schiff	man bekommt eine kleine Reise Geschenk
Schlange + Sarg	ein Verhältnis zu der zweiten Frau wird endgültig beendet

Karte 10:
Die Sense | Karo Bube

Allgemein:
Schrecken, Gefahr, Warnung und Brutalität können plötzlich und unerwartet auf einen zukommen, auch freudiger Schrecken, wenn eine positive Karte dabei liegt

bezüglich
Liebe: stellt eine wirkliche Gefahr dar
Beruf: Belastung durch den Beruf
Gesundheit: Ansteckungsgefahr

Einzelaussage:
Vorsicht, beste Zeit nichts zu tun und abzuwarten, keine großen Entscheidungen treffen, wirkliche Gefahr droht.

Charaktereigenschaften:
Aggressivität, unberechenbar, Spontaneität, scharfe Ausdrucksweise

äußeres Erscheinungsbild:
ein jugendlich erscheinender Mensch, altersunabhängig, helle Haare blau bis grüne Augen

Bezug auf die Skatkarte:
höchste Glückskarte, plötzlich überraschendes Glück

Kombinationen zur Karte 10: die Sense / Karo Bube

Reiter	Streitigkeiten, die Freude bringen / der Schreck geht vorüber
Klee	kurzer Schreckmoment / das Verhalten ist ausschweifend
Schiff	Streitigkeiten wegen einer Reise
Haus	Räumung des Hauses (nur bei Eigentum) / Streitigkeiten liegen ins Haus
Baum	ein Schicksalsschlag steht kurz bevor / Gefährdung im Gesundheitsbereich
Wolken	einer Gefahr kann durch Vorsicht ausgewichen werden / etwas Unklares wird sich klären
Schlange	streitsüchtige böse Frau / Gefahr droht durch eine Frau
Sarg	Streitigkeiten mit denen etwas beendet wird
Blumen	plötzliche Angst, die zu Freude wird / aggressive gewaltbereite Frau
Ruten	Streitigkeiten lassen sich nicht ausräumen / Streitgespräche ohne positiven Ausgang
Eulen	Ärger, Streit der Kummer bringt
Kind	gefährliche Situation für ein Kind / ein Neuanfang wird scheitern
Fuchs	Falschheit die einem selbst schaden kann / ein Betrugsversuch wird stattfinden

Bär	brutaler Mann / gefährliche Leidenschaft
Sterne	es besteht Gefahr der Beeinflussung / Gedanken die Unruhe ins Leben bringen
Storch	momentan ist es besser man verändert nichts im Leben
Hund	Gefahr besteht für einen Freund / brutaler Freund
Turm	unerwarteter Zusammenbruch, der sehr plötzlich kommt / Einsamkeit die momentan nicht ausgeräumt werden kann
Park	eine Gesellschaft wird bedroht / Kriminalität / Kontakt mit kriminellen Menschen
Berg	man muss in Aktion treten, sonst droht Gefahr / Hindernisse nicht versuchen zu überwinden, sondern zu umgehen
Wege	Nachdenken, bevor man den Weg für den man sich entschieden hat tatsächlich geht / gefährliche Wege
Mäuse	Verlust nach Streitigkeiten / eine Gefahr besteht nicht mehr
Herz	Eifersucht / Streitigkeiten in Herzensdingen
Ring	Gefährliche plötzlich auftretende Verbindung / die Beziehung ist in Gefahr
Buch	Erpressung wegen eines Geheimnisses / Informationen werden nicht preisgegeben
Brief	ernst gemeinte Nachricht / Nachricht die unangenehm ist
Herr	Hauptperson neigt zur Aggression und Brutalität / Gewaltbereitschaft der Hauptperson ist vorhanden

Dame	Hauptperson neigt zur Aggression und Brutalität / Gewaltbereitschaft der Hauptperson ist vorhanden
Lilie	Vergewaltigung / abartiger Sex / anormale Sexpraktiken / Sex innerhalb der Familie
Sonne	es ist kaum noch Kraft und Energie vorhanden / absolute Verausgabung
Mond	Suizidgefahr / Sadismus / Gedanken gehen in die falsche Richtung
Schlüssel	Schreckensmoment / man wiegt sich in Sicherheit, was nicht stimmt
Fische	Streitigkeiten wegen Geld / es droht Geldverlust / Gefahr des falschen Umgangs mit Geld
Anker	Abhängigkeitsverhältnis / Stress am Arbeitsplatz
Kreuz	Verlustangst / etwas hört plötzlich auf / es droht Gefahr

3er-Kombinatioen zur Karte 10: die Sense / Karo Bube
(als Beispiele nur einige Kombinationen)

Anker + Fische	Abhängigkeitsverhältnis zum Geld ist vorhanden
Reiter + Schiff	Streitigkeiten wegen einer Reise, die Glück bringen wird
Lilie + Blumen	Vergewaltigung einer wesentlich jüngeren Frau
Schlüssel + Fische	man wiegt sich in Sicherheit wenn es ums Geld geht
Dame + Wege	Aggressionen der Hauptperson die zu einer Entscheidung führen

Karte 11:
Die Ruten | Kreuz Bube

Allgemein:
Streit, Sorgen, Auseinandersetzungen, und Diskusionen, erhöhte Unfallgefahr,

zeitlich :   als Anzahl 2

bezüglich
Liebe: Streitigkeiten in der Beziehung
Beruf: Gespräche mit Vorgesetzten
Gesundheit: Leichtsinnig mit dem Körper umgehen

Einzelaussage:
Arbeiten Sie noch an einem Vorhaben, es ist nicht gut durchdacht. Fragen Sie jemand anderes nach seiner Meinung dazu

Charaktereigenschaften:
Jemand der gerne über sich selbst redet, sich selbst gerne reden hört. schwankend in der Meinung, Streitsüchtig.

äußeres Erscheinungsbild:
macht oft einen nervösen Eindruck, schlanke grazile Erscheinung

Bezug auf die Skatkarte:
plötzliches unerwartetes Misslingen einer Sache, plötzliches Ende einer Partnerschaft

Kombinationen zur Karte 11: die Ruten / Kreuz Bube

Reiter	Gespräche mit gutem Ausgang / Streitigkeiten die Glück bringen
Klee	kurzfristige Streitgespräche / Streitgespräche nur von kurzer Dauer
Schiff	Diskusionen wegen einer Reise / Streitigkeiten wegen den Leuten die drum herum sind
Haus	Erbstreitigkeiten wegen eines Hauses / Streit führt zur Klärung
Baum	Diskusionen wegen der Gesundheit / Streitigkeiten die über Monate gehen
Wolken	Streitigkeiten gehen nicht zu Ende / man ist nicht fähig zu diskutieren
Schlange	redegewandte Frau / Streitigkeiten wegen einer Frau / Diskusionen sollten vermieden werden
Sarg	Diskusionen die zu einem Neuanfang führen / Sprachlosigkeit / Hemmungen wenn es um Gespräche geht
Blumen	lustige Unterhaltung, die im Streit endet / Streitigkeiten mit einer jüngeren Frau oder der Tochter
Sense	plötzlicher unerwarteter Streit / Diskusionen die keinen Sinn haben
Eulen	Streitgespräche ohne Inhalt / Diskusionen die man sich auch sparen kann
Kind	Streit wegen etwas, wo es sich nicht zu streiten lohnt / Streitgespräche wie im Kindesalter

Fuchs	Lügen was Streitigkeiten angehen / Diskusionen sind falsch, wenn möglich umgehen
Bär	Streitigkeiten mit einem Mann / Diskusionen wegen eines Mannes
Sterne	Gespräche die nur in den Gedanken stattfinden / klärende Gespräche
Storch	Veränderungen durch Streitigkeiten / Diskusionen sorgen für Veränderungen einer Situation
Hund	Streitigkeiten wegen eines Freundes / Diskusionen mit einem Freund
Turm	gerichtliche Angelegenheiten werden geregelt
Park	Streitgespräche mit vielen Leuten / Diskusionsrunde / Streitigkeiten in der Öffentlichkeit
Berg	Diskusionen führen nicht zum Ziel / Streit bringt keine Klärung herbei
Wege	Entscheidungen werden nicht freiwillig getroffen
Mäuse	Gespräche die zu einem Verlust führen / Gespräche bei dehnen man sich wieder verträgt
Herz	Herzensdinge müssen ausdiskutiert werden / Streit in Liebesdingen / Beziehungsprobleme
Ring	Bindungsangst / Streitigkeiten in einer Beziehung
Buch	Gespräche bringen den Durchblick / Streitigkeiten wegen eines Geheimnisses

Brief	Nachricht wird nicht überbracht / Nachricht mit streitigem Inhalt
Herr	Hauptperson streitet gerne / Hauptperson hat den Durchblick / rechthaberische Person
Dame	Hauptperson streitet gerne / Hauptperson hat den Durchblick / rechthaberische Person
Lilie	Streitigkeiten wegen der Sexualität / Gespräche über die Sexualität
Sonne	Streitigkeiten die aus Spaß entstehen / Gespräche die Energie bringen
Mond	Streitigkeiten die Verletzten / Gespräche bringen Erfolg
Schlüssel	Diskusionen die mit Sicherheit kommen werden / Gespräche klären eine Situation
Fische	Diskusionen ums Geld / Streitigkeiten wegen den Finanzen
Anker	Streitigkeiten am Arbeitsplatz / Diskusionen am Arbeitsplatz
Kreuz	Streitigkeiten verändern sich / Streitigkeiten werden auf lange Zeit beendet

3er-Kombinationen zur Karte 11: die Ruten / Kreuz Bube
(als Beispiel nur einige Kombinationen)

Fische + Sonne	Streitigkeiten wegen den Finanzen, die eine positive Wirkung haben
Lilie + Kind	Gespräche über die Familienplanung

Karte 12:
Die Eulen | Karo 7

Allgemein:
Sorgen, Ärger, Kummer, Tränen und Hektik. Aufregungen, Missgeschicke

bezüglich
Liebe: Zeiten mit viel Aufregung und Hektik
Beruf: Fort- oder Weiterbildung
Gesundheit: nervös, gereizt, nervliche Belastung

Einzelaussage:
Aufpassen ob alles was Sie tun das Richtige ist, erst noch einmal überlegen, sonst gibt es Ärger

Charaktereigenschaften:
instabile Persönlichkeit, schwankend, unentschlossen.

äußeres Erscheinungsbild:
gutproportioniert, dick, dunkle Haare, dunkler Hauttyp, meist ein Nachtmensch

Bezug auf die Skatkarte:
Beschäftigung aber nicht als Vollzeitstelle

Kombinationen zur Karte 12: die Eulen / Karo 7

Reiter   Schwankungen die eine Situation betrifft / Sorgen kann man sich sparen, die Situation hat einen guten Ausgang

Klee   Zweifel, Sorgen und Probleme haben sind nur von kurze Dauer

Schiff   eine geteilte Wegstrecke / Kummer und Sorgen auf einer Reise

Haus   Ärger und Sorgen in der jetzigen Wohnsituation / Entscheidung zwischen zwei Wohnungen

Baum   Sorgen die die Gesundheit betreffen / Sorgen für sehr lange Zeit

Wolken   Aufregungen sind beängstigend / Zweifel und Sorgen gehen vorbei

Schlange   Kummer und Sorgen gehen weiter, es wird noch schlimmer kommen / Sorgen und Probleme wegen einer Frau

Sarg   Sorgen verschwinden / Kummer ist berechtigt, es gibt Unklarheiten

Blumen   Sorgen wegen einer Frau / Geschenke bleiben aus

Sense   Sorgen werden plötzlich verschwinden / Kummer tritt unerwartet auf

Ruten   Sorgen die in einem Streit enden / Gespräche mit doppeltem Sinn

Kind   Sorgen und Probleme wegen eines Kindes / Probleme mit dem eigenen Kind / mehr als ein Kind betreffend

Fuchs	Aufregen werden kommen / Ehrlichkeit / Unsicherheiten gehen vorüber
Bär	Kummer der einen Mann betrifft / Ärger und Sorgen wegen einem Mann
Sterne	innere Gereiztheit wegen (umliegende Karten beachten) / Hellsichtigkeit auf eine besondere Weise
Storch	Veränderungen bringen Zweifel und Sorgen mit sich / Kummer verändert eine Situation
Hund	eine Freundschaft geht zu Ende / Sorgen und Probleme in einer Freundschaft / Probleme die einen Freund betreffen
Turm	Grenzen werden eingehalten / man wird bei einer Trennung alleingelassen
Park	Unbehagen in Gesellschaft anderer / Unsicherheiten in einer Behördenahngelegenheit
Berg	Sorgen und Kummer sind blockiert / Blockaden die den Lösungsweg sperren
Wege	eine Entscheidung wird getroffen, die Kummer und Sorgen bringt / ein Ausweg aus den Sorgen gibt es
Mäuse	Sorgen, Zweifel gehen vorüber / unerwarteter Kummer ist plötzlich vorüber
Herz	Verbindungen zu zwei verschiedenen Frauen / Liebeskummer
Ring	Aufregungen wegen einer Beziehung / mehr als eine Verbindung

Buch	Geheimnisse die Kummer und Sorgen machen / Sorgen nur im Stillen
Brief	zweifelhafte Nachricht / eine Nachricht bringt Ärger
Herr	Kummer und Sorgen die die Hauptperson betreffen / Schwankungen in der Einstellungen der Hauptperson
Dame	Kummer und Sorgen die die Hauptperson betreffen / Schwankungen in der Einstellungen der Hauptperson
Lilie	sexueller Missbrauch / Zweifel an der Beziehung / Unsicherheiten wegen der Familie
Sonne	Sorgen gehen vorüber und bringen das Glück
Mond	Anerkennung wird kommen / schwierige Phasen gehen vorüber
Schlüssel	Kummer verschwindet mit Sicherheit / Ärger wegen des Umgangs
Fische	Geld von verschiedenen Stellen / Probleme wegen des Geldes
Anker	eine zweite Beschäftigung / Probleme die mit dem Arbeitsplatz zu tun haben
Kreuz	Sorgen und Zweifel hören auf / Ärger der einen sehr mitnimmt

3er-Kombinationen zur Karte 12: die Eulen / Karo 7
(als Beispiel nur einige Kombinationen)

Anker + Geld	eine zweite Beschäftigung, die aus der finanziellen Situation heraushilft
Mond + Kind	Anerkennung wird kommen, wenn es um ein Kind geht

Karte 13:
Das Kind | Pik Bube

Allgemein:
dumm, naiv, nicht sehr intelligent, Neuanfang, kindisches Verhalten

bezüglich:
Liebe: eine neue Partnerschaft, die noch wachsen muss
Beruf: Lehrzeit, neuer Arbeitsplatz
Gesundheit: Heilung ist in sicht, große Fortschritte

Einzelaussage:
Fangen Sie mit etwas neu an, vergessen Sie geschehenes und überdenken Sie Ihr kindisches Verhalten

als Personenkarte:
Kollege/in, eigenes Kind, Kind bis Jugendlicher, nie das Enkelkind,

Charaktereigenschaften:
Zufriedenheit, Natürlichkeit, kindisch

äußeres Erscheinungsbild:
wenn nicht tatsächlich ein Kind/Jugendlicher, dann eine Person mit einem offenen jugendlichem Aussehen.

Bezug auf die Skatkarte:
Gedankenkarte, Gedanken an eine bestimmte Person

Kombinationen zur Karte 13: das Kind / Pik Bube

Reiter	Neuigkeiten über ein Kind / neue Ideen werden verwirklicht
Klee	Neuanfang der glücklich beginnt / geselliges Zusammensein
Schiff	Kinderwunsch bleibt unerfüllt / erfreuliche unerwartete Reise
Haus	Neuanfang in einer neuen Wohnung / viel Besuch kommt ins Haus
Baum	man beginnt ein neues Leben / Neuanfang kommt erst später
Wolken	Unklarheiten klären sich / Angst vor einem Neuanfang / kurzzeitige Besserung
Schlange	Frau die einiges jünger ist / Vorsicht vor einer jungen Frau
Sarg	Erkrankung bei einem Kind (nichts Ernstes) / Neuanfang verschiebt sich auf unbestimmte Zeit
Blumen	Besuch von einem Kind / Kinderfest / wesentlich jüngere Frau, kaum älter als 20
Sense	geplanter Neuanfang der nicht stattfindet / Naivität, die eine Situation betrifft / aufregende Situation wegen eines Kindes
Ruten	Streitigkeiten wegen eines Kindes / Gespräche wie im Kindergarten / pubertierendes Gehabe
Eulen	Unentschlossenheit löst sich auf / Sorgen und Streitigkeiten wegen eines Kindes
Fuchs	Kind lügt / adoptiertes Kind / nicht leibliches Kind vom angegebenen Vater

Bär	Mann ist naiv wenn es um Vertrauen geht
Sterne	naive Gedanken / Kind das mit Engeln spricht
Storch	Veränderungen die durch ein Kind kommen / Neuanfang der alles verändert
Hund	großer Altersunterschied zu einem Freund / Kind hat viele Freunde
Turm	Neuanfang der zum Scheitern verurteilt ist / Trennung trotz geplantem Neuanfang
Park	kleine Gesellschaft aus jungen Leuten bestehend / Kindergarten
Berg	Behinderung durch ein Kind / Hindernisse lösen sich auf
Wege	Entscheidungen werden aus Naivität getroffen / Entscheidungen die ein Kind betreffen / kleine Umwege
Mäuse	Verlust der eignen Kinder (kein Tod) / der geplante Neuanfang findet nicht statt
Herz	Neuanfang mit dem Ex. / kindliche Liebe
Ring	Neubeginn einer Beziehung / Beziehung muss sich erst Entwickeln / Naivität bei einem Vertrag
Buch	Geheimnis über einen Neuanfang / Geheimnisse die die eigenen Kinder betreffen
Brief	Nachricht wegen eines Neuanfang wird kommen / Kleinigkeiten sind nicht wichtig
Herr	Vater mit sehr engem Verhältnis zu seinem Kind / junger naiver Mann

Dame	Mutter mit sehr engem Verhältnis zu Ihrem Kind / junge naive Frau
Lilie	sexueller Missbrauch von Kindern / naive sexuelle Vorstellungen / Gründung einer Familie
Sonne	Freude über ein Kind / Kraft und Energie bekommt man von einem Kind
Mond	medial veranlagtes Kind / es werden Gedanken gemacht wegen eines Kinderwunsches
Schlüssel	Kind kommt mit Sicherheit / Neuanfang wird mit Sicherheit stattfinden
Fische	Geld reicht nicht durch den Monat / immer zu wenig Geld
Anker	Arbeit im Angestellten Verhältnis / Teilzeitbeschäftigung
Kreuz	kein Kontakt mehr zum Kind / Neuanfang wird nicht mehr stattfinden

3er-Kombinationen zur Karte 13: das Kind / Pik Bube
(als Beispiel nur einige Kombinationen)

Herr + Ring	Neubeginn in einer Beziehung von dem Mann ausgehen
Schlange + Bär	Neubeginn zu einer Geliebten, nur sexuelles Verhältnis
Anker + Fische	Beginn einer Teilzeitbeschäftigung um das Geld aufzubessern
Kreuz + Dame	ein Neuanfang zur Herzensdame wird nicht mehr stattfinden

Karte 14:
Der Fuchs | Kreuz 9

Allgemein:
Tratsch, Klatsch, Falschheit, Lüge, Doppeldeutigkeit

bezüglich
Liebe: Lügen in der Partnerschaft
Beruf: Mobbing, Intrigen von Kollegen
Gesundheit: Vorsichtig sein, einen Arzt fragen.

Einzelaussage:
Versuchen Sie es einmal mit der Wahrheit, Lügen bringen Sie nicht weiter, Sie werden irgendwann auf Sie zurückkommen.

als Personenkarte:
Mensch der gerne grundlos lügt, notorischer Lügner

Charaktereigenschaften:
Falschheit, Schlauheit, Intrigant, Verschwiegenheit, Lügen, Unehrlichkeit

äußeres Erscheinungsbild:
hellhäutiger Mensch mit blonden Haaren, Mager oder sogar magersüchtig, sehr schlank

Bezug auf die Skatkarte:
Fehlschläge treten auf, Verluste müssen weggesteckt werden, Misstrauen gegen andere Personen

Kombinationen zur Karte 14: der Fuchs / Kreuz 9

Reiter	Lügen werden aufgedeckt / vertrauensvolle Nachrichten kommen
Klee	unerwartete Freude / ganz rasch auftretendes Glück
Schiff	Falschheit ist vorprogrammiert / falsche Reise
Haus	Verträge die mit Vorsicht zu genießen sind / Rechtsanwaltsahngelegenheiten wegen eines Hauses
Baum	Falschheit die die Beziehung betrifft / Lügen die die Gesundheit betreffen
Wolken	man ist Lügen ausgesetzt / undurchsichtiges löst sich auf
Schlange	Falschheit die um einen herum ist / unehrliche Frau
Sarg	Betrug mit wirklichen Folgen / Offenheit für alles
Blumen	aufrichtige Gespräche / aufrichtige ehrliche Freundin
Sense	Schaden durch Falschheit und Lügen / Überraschungen die Urplötzlich auftreten
Ruten	Streitigkeiten führen zu Lügen / verlogene Gespräche
Eulen	Gespräche die nicht der Wahrheit entsprechen
Kind	kleine Lügen - Notlügen / Fürsorge die nicht Notwendig ist
Bär	absolut ehrlicher älterer Mann
Sterne	Zeitpunkt ist noch nicht der Richtige

Storch	Veränderungen die man nicht tun sollte / Betrug kommt zum Vorschein
Hund	absolut ehrlicher Freund
Turm	momentan sollte man keine Trennung herbeiführen / für eine Trennung ist es der falsche Zeitpunkt
Park	in der Gesellschaft wird viel gelogen / Betrug wird man sehr schwer erkennen
Berg	Blockaden durch Lügen / Frustration wegen Lügen
Wege	der richtige Weg ist eingeschlagen / der Zeitpunkt für eine Entscheidung ist noch nicht gekommen
Mäuse	Lüge kommt an das Tageslicht / Achtung, aufpassen vor Verlust
Herz	Lügen in Liebesdingen / Falschheit in der Liebe
Ring	falsche Beziehung / Lügen innerhalb der Beziehung
Buch	Betrug kann geheim gehalten werden / gefälschte Unterlagen
Brief	eine Nachricht die die Wahrheit ist / Betrug kann nicht geheim gehalten werden
Herr	Hauptperson lügt nicht, ist absolut ehrlich
Dame	Hauptperson lügt nicht, ist absolut ehrlich
Lilie	falsche Einstellung zur Sexualität / Notlügen in Familienangelegenheiten
Sonne	vorgetäuschtes Selbstbewusstsein / Energie wird verschwendet

Mond	Wahnvorstellungen gehen vorüber / tiefgehende Gespräche, die auf Lügen basieren
Schlüssel	man probiert durch Lügen Sicherheit zu erlangen / Fehlentscheidungen
Fische	schlaue Entscheidungen wenn es ums Geld geht / Geldangelegenheiten gehen ohne größere Probleme vorüber
Anker	Lügen am Arbeitsplatz / Lügen gehören für diese Person zum Leben
Kreuz	Person möchte aufrichtiger sein / Belastungen die aus Lügen entstehen, verschwinden

3er-Kombinationen zur Karte 14: der Fuchs / Kreuz 9
(als Beispiel nur einige Kombinationen)

Kreuz + Kind	Person versucht nicht zu Lügen, wegen eines Kindes
Brief + Schlange	eine Nachricht die wahr ist wird von einer Frau kommen
Mäuse + Turm	eine Lüge führt zur sofortigen Trennung
Wege + Park	der richtige Weg wurde eingeschlagen, auch wenn das Umfeld wenig davon hält
Anker + Bär	Lügen am Arbeitsplatz durch einen Vorgesetzten
Sarg + Schlange	ein Betrug der von einer unehrlichen Frau unterstützt wird
Storch + Kind	Veränderungen die Ehrlichkeit bringen was ein Kind betrifft

Karte 15:
Der Bär | Kreuz 10

Allgemein:
groß, stark, gutmütig,
Kraft, positive Karte

bezüglich
Liebe: liebevoller netter Partner
Beruf: hohe Ziele gesetzt, die aber erreichbar sind
Gesundheit: eigene Stärke hilft.

Einzelaussage:
Vertrauen Sie auf sich und auf Ihre eigene Kraft, es geht voran.

als Personenkarte:
weiblich: Schwiegermutter, Tante, Oma, alte Frau
männlich: alter Mann, gehobene Position (Chef), Mann mit Bildung und Weisheit.

Charaktereigenschaften:
diplomatisch, leidenschaftlich

äußeres Erscheinungsbild:
groß, kräftig, fülliges Aussehen aber nicht dick, blond bis braune Haare

Bezug auf die Skatkarte:
Gespräche werden geführt, Diskussionen

Kombinationen zur Karte 15: der Bär / Kreuz 10

Reiter   Nachricht die Stabilität bringt / Probleme lösen sich auf

Klee   Stabilität die vom Elternhaus kommt / glückliche Zeiten durch einen älteren Mann

Schiff   hohe Ziele was eine Reise angeht / stabile Reise, die jedenfalls stattfindet

Haus   Mann der stabil im Leben steht / Geborgenheit durch einen Mann (meist nicht Ehemann/Partner)

Baum   dauerhafte, stabile Beziehung zu einem Mann / Naturverbundenheit zusammen mit einer zweiten Person

Wolken   Unsicherheiten werden unterdrückt / ängstlicher Mann / einem Mann wird gedroht

Schlange   gebundener Mann der aber Interessant für einen Selbst ist / vollkommene Stabilität

Sarg   Probleme gehen an einem vorüber

Blumen   Pärchen, das nur befreundet ist / charmantes Verhalten

Sense   unerwartete Standfestigkeit im Leben / ein neuer Mann kommt unerwartet

Ruten   Gerichtssache, bei der ein Mann hilft / Rechtsangelegenheit

Eulen   Beeinflussung von außen, hilft zur Stabilität / Ärger durch einen Mann, oft sogar Freund

Kind   väterlicher Freund / naiver Mann, aber doch nett

Fuchs	ein verlogener Mann / unerwartete Falschheit
Sterne	Ängste gehen vorüber / klärende Gespräche mit einem Mann
Storch	Veränderungen durch einen Mann, der nicht der Partner ist / Umzug für einen Mann
Hund	Freundschaft mit absolutem Vertrauen / Freundeskreis hat viel Einfluss
Turm	Trennung von einem Mann, nicht Partner / Ärger mit einer Behörde, der aber positiv ausgeht
Park	langanhaltendes Verhältnis / Beziehung zu mehr als einem Mann
Berg	rechthaberischer Mann, dem nur seine eigene Meinung zählt
Wege	man muss eine Entscheidung wegen eines Mannes treffen / Kompromisse müssen getroffen werden in einer Partnerschaft
Mäuse	Verlust einiger Personen aus dem Freundeskreis / Stabilität lässt zu wünschen übrig
Herz	Liebesbeziehung neben der Partnerschaft / Eifersucht, wegen einer leidenschaftlichen Liebe
Ring	eine Beziehung die auf einem Vertrag basiert
Buch	ein Mann behält ein Geheimnis für sich / absolut Verschwiegenheit / unerwartetes Treffen mit einem neuen Mann
Brief	freundschaftliche Nachricht von einem Mann / Vermittlung durch einen Mann

Herr	Entscheidung zwischen mehreren Männern wird kommen / Hauptperson trifft sich mit einer anderen Frau / Hauptperson lässt sich von einem Elternteil beeinflussen
Dame	Hauptperson hat Kontakt zu einem Mann der nicht Ihr jetziger Partner ist / Hauptperson lässt sich von einem Elternteil beeinflussen
Lilie	nur sexuelle Beziehung zu einem Mann, nicht Partner / Anweisungen von einem älteren Mann aus der Familie werden kommen
Sonne	absolut glücklicher Lebensabschnitt / Mann der sich durchsetzt
Mond	Gedanken zu einem neuen Mann / Mann der noch nicht real vorhanden ist
Schlüssel	ein Mann der was zu sagen hat / Mann der Sicherheit mitbringt
Fische	reicher, aber geiziger Mann / Mann der sehr viel mit Geld zu tun hat
Anker	ein Vorgesetzter hat eine wichtige Rolle und viel Einfluss
Kreuz	karmische Beziehung zu einem Mann, nicht dem Partner / Kontakt zu einem Mann verändert sich

3er-Kombinationen zur Karte 15: der Bär / Kreuz 10
(als Beispiel nur einige Kombinationen)

Sonne + Mond	glücklicher Lebensabschnitt, der Freude bringt zu einem neuen Mann
Anker + Lilie	ein sexuelles Verhältnis zu einem Vorgesetzten

Karte 16:
Die Sterne | Herz 6

Allgemein:
geistige Wahrnehmung, Intuition, Geist, Klarheit, Hellsichtigkeit

als Tageszeit: Nacht

bezüglich:
Liebe: vollkommene Beziehung
Beruf: lässt Zweifel verschwinden, Erkenntnisse kommen.
Gesundheit: ausruhen, nicht überanstrengen

Einzelaussage:
Das Glück steht vor Ihrer Tür, nur noch aufmachen. Obwohl Ihnen alles in den Schoß fällt, fühlen Sie sich momentan nicht glücklich, versuchen Sie trotzdem längst überfälliges zu Ende zu bringen

Charaktereigenschaften:
geistige Gaben aus dem Kosmischen, Klarheit, Übersinnliches

äußeres Erscheinungsbild:
Aussehen ist relativ, sehr unterschiedliches Auftreten,

Bezug auf die Skatkarte:
Kommunikation mit dem Kosmos, Magie die gut ist

Kombinationen zur Karte 16: die Sterne /Herz 6

Reiter	mediale Nachricht / Klärungsbedarf einer Nachricht / Botschaft bringt Klärung
Klee	Glückliche Zeit, wenn man auf die innere Stimme hört / Eingebungen wirken positiv
Schiff	Astralreisen / geistige Reisen / Klärung ist gewünscht
Haus	die Person ist sehr feinfühlig, vor allem was das eigene Haus betrifft / ein Haus mit ungewöhnlicher Atmosphäre
Baum	gesunder Lebensabschnitt, der Ruhe und Zufriedenheit bringt
Wolken	Drogen sind im Spiel / Ängste die durch Dunkelheit entstehen / der Durchblick fehlt immer noch
Schlange	geistige Frau / Unklarheiten werden sich klären
Sarg	sehr viele geistige Probleme / Alpträume / Beeinflussung aus dem Jenseits
Blumen	Klarheit kommt bei einem Besuch / charmante Frau / Kräuterfrau
Sense	plötzliche unerwartete Gedanken, die Klarheit bringen / unerwartete Erkenntnis
Ruten	Streitigkeiten die zur Klärung führen / Begabungen zum Pendeln
Eulen	klare verständliche Aussagen in einer Situation / Gereiztheit kommt ans tageslicht / man fühlt sich Unzufrieden

Kind	Klarheit die ein Kind betreffen / Weiterentwicklung auf medialen-geistiger Ebene
Fuchs	absolut schlau und clever / geniale Einfälle
Bär	Klärung mit einem Mann, durch Gespräche
Storch	Gedanklich sind Veränderung schon vollzogen / Veränderungen sind gut
Hund	Freundeskreis mit tiefgehenden Gesprächen / Seelenverwandtschaft
Turm	Antwort kommt von einem selbst / nervende Trennung
Park	Gesellschaft im esoterischen Kreis / Gesellschaft mit einfühlsamen Menschen
Berg	Klärung wird blockiert / Gedanken werden gestört, blockiert
Wege	Entscheidungen die aus dem Bauch heraus getroffen werden / genau Zielvorstellungen machen
Mäuse	Verlust der Medialität / keine durchsichtige Situation
Herz	tiefgehende Liebe / viel Gefühl füreinander in der Partnerschaft
Ring	tiefe seelische Verbundenheit zur Partnerschaft / mediale Verknüpfung zur Beziehung
Buch	Geheimnisse werden nicht nach außen getragen / Unklarheiten bleiben im Verborgenen
Brief	Kontaktaufnahme um etwas zu klären / erlösende Nachricht wird bald kommen

Herr	Seelenpartner / medialer Mann, oft auch hellsichtig
Dame	Seelenpartnerin / mediale Frau, oft auch hellsichtig
Lilie	tiefgehende Sexualität / familiäre Verbundenheit
Sonne	Energie die man selbst entdeckt
Mond	seelische Übereinstimmung zweier Partner / Frieden zu sich selbst finden
Schlüssel	Begabung im medialen Bereich / eigene Überlegungen bringt Sicherheit
Fische	Geld reicht noch nicht für den Lebensunterhalt / innere Verbundenheit
Anker	karmische - mediale Arbeit / künstlerische Arbeit
Kreuz	höchste geistige Führung / Klarheit wird kommen

3er-Kombinationen zur Karte 16: die Sterne / Herz 6
(als Beispiel nur einige Kombinationen)

Baum + Kind	man glaubt an einen Neubeginn
Reiter + Baum	Gast im eigenen Lebensbereich
Fische + Dame	man kann der Partnerin zuwenig bieten im Leben
Berg + Wege	eine mediale Entscheidung wird noch blockiert
Mond + Herr	seelische Übereinstimmung mit dem Seelenpartner
Brief + Kreuz	Kontaktaufnahme mit dem Jenseits

Karte 17:
Die Störche | Herz Dame

Allgemein:
Veränderungen in jeglicher Form: örtlich, gedanklich mental.

zeitlich:
ein bis sieben Tage, höchstens eine Woche.

bezüglich:
Liebe: große Veränderungen
Beruf: Förderung durch einen Vorgesetzten
Gesundheit: geheilt

Einzelaussage:
Ändern Sie Ihr Leben jetzt, bevor Sie endgültig mit dem Rücken an der Wand stehen, dort laufen Sie gerade jetzt drauf zu.

äußeres Erscheinungsbild:
schlanke drahtige Figur mit dunkeln Haaren

Bezug auf die Skatkarte:
Veränderung die die Fragestellerin betreffen

Kombinationen zur Karte 17 die Störche / Herz Dame

Reiter	Veränderungen werden kommen / Veränderungen haben einen positiven Ausgang
Klee	Veränderung innerhalb kürzester Zeit
Schiff	Veränderungen die eine Reise bringt / ein Umzug steht an
Haus	Veränderungen liegen direkt ins Haus / Umzug
Baum	Veränderungen zum positiven, was die Gesundheit betrifft
Wolken	Veränderungen finden nur sehr langsam statt
Schlange	auf dem direkten Weg sind Veränderungen nicht möglich / dubiose Verhaltensweisen werden an den Tag gelegt
Sarg	Veränderungen werden nicht stattfinden / Änderungen sind nicht möglich
Blumen	durch Veränderungen wird Freude aufkommen / Veränderungen führen zu einer netten Frau
Sense	hektische Veränderungen vermeiden
Ruten	Veränderungen bringen Streitigkeiten / gerichtliche Verhandlungen gehen schlecht aus
Eulen	mehrer Möglichkeiten der Veränderungen stehen zu Wahl / Veränderungen bringt Ärger
Kind	Schwangerschaft / es wird noch ein Kind geboren / Veränderungen führen zum Neuanfang

Fuchs	keine Änderungen vornehmen, Änderungen sind jetzt nicht günstig / bei Veränderungen kommt Falschheit heraus
Bär	Veränderungen führen zu einem netten Mann / Stabilität kommt durch Veränderungen
Sterne	positive Veränderungen / Klärung einer Situation durch Veränderung
Hund	freundschaftliche Veränderungen sind positiv / man wird die Einstellung zur Treue ändern
Turm	Veränderungen führen zur Trennung und Einsamkeit, gut überlegen ob man es tut
Park	neue Kontakte bringen Veränderung / man wechselt die Gesellschaftsschicht, nach oben
Berg	durch Veränderungen werden sich Behinderung oder Frustration lösen
Wege	eine Veränderung bringt eine Entscheidung / es wird der Weg des geringsten Widerstands gewählt
Mäuse	Veränderungen werden nicht stattfinden / man wird durch Veränderungen einen Verlust erleiden
Herz	Veränderungen in Herzensdingen / Änderungen führen zur wahren Liebe
Ring	Heirat aus echter Liebe / Veränderungen bringen eine feste Beziehung / die Bindung wird enger
Buch	Veränderungen sind noch ein Geheimnis / Veränderungen finden noch nicht statt

Brief	Nachricht führt zu Veränderungen / Veränderungen sind nur oberflächlich
Herr	die Hauptperson hat Veränderungen vor sich
Dame	die Hauptperson hat Veränderungen vor sich
Lilie	es wird eine kurze Affäre geben / es gibt Familienzuwachs / Neubeginn in der Sexualität
Sonne	Reise in den Süden / Überwinterung im Süden / Kraft wird kommen, durch persönliche Änderung
Mond	man denkt über die Veränderungen sehr viel nach / Umzug in ein anderes Land
Schlüssel	durch Veränderungen kommt die Sicherheit / Veränderung kommt auf jeden Fall
Fische	die finanzielle Situation wird sich ändern / positives Geld kommt mit Veränderungen auf einen zu
Anker	Veränderungen stehen schon lange fest / man gerät in die Abhängigkeit
Kreuz	Leiden gehen zu Ende / es gibt große Veränderungen / ruhige Zeit mit großer Stagnation wird kommen

3er-Kombinationen zur Karte 17: der Storch / Herz Dame
(als Beispiel nur einige Kombinationen)

Blumen + Lilie	Schwangerschaft
Mond + Fische	finanzielle Veränderungen auf Grund derer man sich den Umzug ins Ausland leisten kann

Karte 18:
Der Hund | Herz 10

Allgemein:
treu, treuherzig, guter Freund

bezüglich:
Liebe: treuer Partner
Beruf: Hilfe von einem Mann
Gesundheit: die richtige Behandlungen bekommen.

Einzelaussage:
Sie haben einen Menschen um sich auf den Sie sich bedingungslos verlassen können, vertrauen Sie Ihm.

als Personenkarte:
absolut treuer Freund im guten und im schlechten (eigentlich immer männlich, selten weiblich)

Charaktereigenschaften:
Freundschaft, Vertrauen, Treue

äußeres Erscheinungsbild:
treue Augen, blond oder hellbraune Haare, normale Figur

Bezug auf die Skatkarte:
Treue, wahre Partnerschaft, beruflich oder privat

Kombinationen zur Karte 18 der Hund / Herz 10

Reiter	Unternehmung im Freundeskreis / Unternehmungen werden stattfinden
Klee	glückliche Freundschaft / kurzfristiger Spaß im Freundeskreis
Schiff	Reise zusammen mit dem Freundeskreis / Sehnsucht nach einem Freundeskreis
Haus	freundlich zu Gästen / ruhiger stabiler Freundeskreis
Baum	Freundschaft die ein Leben lang hält / freundliche Beziehung
Wolken	Stabilität im Freundeskreis baut sich aus / eine neue Freundschaft beginnt
Schlange	Freundschaft zu der falschen Frau / falsche Freundin / Freundschaft mit vielen Problemen
Sarg	der Freundeskreis sollte gewechselt werden / Freunde sind nicht gut für einen selbst
Blumen	Freundschaft zu einer jüngeren Frau / Freundin auf die man sich verlassen kann
Sense	Freunde als letzte Hilfe / eine Freundschaft ist in Gefahr
Ruten	Diskusionen in einer Freundschaft / Streitigkeiten wegen eines Freundes
Eulen	wechselhafte Freunde / Sorgen und Kummer wegen eines Freundschaft
Kind	Freundschaft zu einem Kind / naiver Freundeskreis

Fuchs	Freundschaften werden aus dem falschen Grund gepflegt / falscher Freundeskreis
Bär	Gutmütigkeit, wird von Freunden gerne ausgenutzt / vernünftige Freunde
Sterne	Freundschaft auf geistiger Ebene / Unklarheiten im Freundeskreis klären sich auf
Storch	Veränderungen im Freundeskreis / ein Freund hilft
Turm	Trennung vom Freundeskreis / Freundeskreis fördert das Ego
Park	Freundeskreis vergrößert sich / Freunde stehen nicht hinten an
Berg	blockierte und frustrierende Freundschaft / schlechte Erfahrungen aus dem Freundeskreis
Wege	Freunde gehen einen langen Weg gemeinsam / Fremde helfen bei einer Freundschaft
Mäuse	Verlust von Freunden, meist sogar ganzer Freundeskreis
Herz	Freundschaft aus Liebe / absolute Treue in einer Beziehung
Ring	familiärer Zusammenhalt / Beziehung entsteht aus dem Freundeskreis
Buch	Freundschaft die nicht öffentlich gemacht wird / ein neuer Freundeskreis wird kommen
Brief	Nachricht über den Freundeskreis / kurzzeitige Freundschaft / Freundschaft ohne Tiefgang
Herr	Hauptperson ist ein treuer Freund / Freundschaft besteht zu einer Frau

Dame	Hauptperson ist eine treue Freundin / Freundschaft besteht zu einem anderen Mann, aber wirklich nur Freundschaft
Lilie	Freundschaft auf sexueller Ebene / Freundschaften innerhalb der Familie
Sonne	Freundschaften geben Kraft / Wärme, aber trotzdem Durchsetzungsvermögen in einer Freundschaft
Mond	Verbindung mit sehr viel Tiefgang / Seelenverbundenheit / Gespräche im Freundeskreis mit sehr viel Inhalt
Schlüssel	Sicherheit besteht durch Freunde / auf Freunde kann man sich verlassen
Fische	enge Beziehung zum Geld / Freundeskreis mit Problemen zum Geld
Anker	beständige Arbeitsstelle / auf der Arbeit entstehen Freundschaften
Kreuz	karmische freundschaftliche Verbindung / Kontakte zum Freundeskreis werden unterbrochen

3er-Kombinationen zur Karte 18: der Hund / Herz 10
(als Beispiel nur einige Kombinationen)

Wege + Schlange	Freundschaft zu einer Frau, die sehr lange hält
Kind + Sense	Freundschaft zu einem Kind, dort gibt es Streitigkeiten
Fische + Lilie	Freundschaft besteht auf sexueller Ebene, wobei man dafür bezahlt

Karte 19:
Der Turm | Pik 6

Allgemein:
Trennung, Einsamkeit, Isolation,

bezüglich:
Liebe: die Partnerschaft ist fast schon auseinander, Trennung
Beruf: Kündigung, Entlassung droht
Gesundheit: versteckte Krankheit

Einzelaussage:
Sie werden alleine dastehen mit Ihren Problemen, erwarten Sie momentan von niemandem Hilfe, dann werden Sie nicht enttäuscht. Es ist schwer für Sie, aber es geht auch wieder aufwärts.

als Personenkarte:
egoistischer, böser Mann, unbeliebter Chef

Charaktereigenschaften:
Egoismus, Beharrlichkeit, Verschlossenheit, Ehrgeiz, Einzelgänger

äußeres Erscheinungsbild:
elegant eingebildeter Mensch, schlank herausgeputzt, meistens ruhig, abwesend wirkend

Bezug auf die Skatkarte:
Geldprobleme werden durch Trennung verursacht

Kombinationen zur Karte 19: der Turm / Pik 6

Reiter Freiheit /
eine Nachricht die einen langen Weg hinter sich hat erreicht einen

Klee glückliche Trennung / Glück in der Einsamkeit

Schiff Reise innerhalb des Landes /
gedankliche Reise die sehr eingeschränkt ist

Haus Trennung von zu Hause / ein Haus muss verkauft werden

Baum Trennung ohne Angabe von Gründen /
Trennung kommt, dauert aber noch

Wolken Trennung wird Folgen haben / Unklarheiten lassen sich klären

Schlange Trennung von einer Geliebten /
Abkapselung von der eigenen Mutter

Sarg man muss ins Krankenhaus / eine Trennung fällt sehr schwer

Blumen eingesperrt sein, in seine eigenen Gefühlswelt /
Trennung von einer anderen Frau

Sense Trennung mit der man nicht gerechnet hat /
Behördenangelegenheiten kommen auf einen zu

Ruten negative Gespräche die zu einer Trennung führen /
Gerichtsachen werden nun geklärt

Eulen Sorgen weil man keine Beziehung hat /
Trennung die sehr viel Kummer bringt

Kind Probleme mit dem Jugendamt /
Neuanfang nach kurzzeitiger Trennung

Fuchs	Kämpfe darum, aufgeben wäre genau das Falsche / Trennung soll nicht sein
Bär	Trennung von einem fremden Mann / ein Mensch ist "besser" als man selbst glaubt
Sterne	psychische Behandlungen sind notwendig / in sich horchen, um Klarheit zu bekommen
Storch	Trennung bringt positive Veränderungen / man verändert sich selbst durch eine Trennung
Hund	Trennung von einigen Freunden / aufgeben des Freundeskreises
Park	man fühlt sich in Gesellschaft alleine / Öffentlichkeit beängstigt einen
Berg	Blockaden wegen einer Trennung / Egoismus
Wege	man sieht keine Alternativen zu einer Trennung / eine Trennung zieht sich lange hin
Mäuse	Trennung führt zum endgültigen Verlust / Trennung wird rückgängig gemacht, man bleibt trotzdem nicht mehr lange beisammen
Herz	Trennung, obwohl man sich noch liebt / Einsamkeit in Herzensdingen
Ring	endgültiges Ende einer Beziehung / Scheidung / eingesperrt sein in einer Beziehung
Buch	Geheimnis wird für sich behalten / Trennung ist nicht vorgesehen
Brief	Beziehungspause / nur eine kurzfristige Trennung

Herr	Hauptperson ist stur und egoistisch / Hauptperson wird sich trennen
Dame	Hauptperson ist stur und egoistisch / Hauptperson wird sich trennen
Lilie	Trennung einer Affäre / Probleme mit dem Sozialamt
Sonne	erlösende Trennung / Trennung gibt einem Energie
Mond	Abkapselung nach einer Trennung / Trennung geht unter die Haut
Schlüssel	man trennt sich damit es einem besser geht / mit der Trennung bekommt man die Sicherheit zurück
Fische	Bankgeschäfte / Probleme mit dem Finanzamt
Anker	Behörden die mit Arbeit zu tun haben / Arbeitsamt
Kreuz	immer wieder kurzfristige Trennungen in einer karmischen Verbindung

3er-Kombinationen zur Karte 19: der Turm / Pik 6
(als Beispiel nur einige Kombinationen)

Kreuz + Herz	große Liebe in einer schwierigen karmischen Beziehung
Brief + Kind	eine Beziehungspause die die Gefühle wieder aufleben lässt
Ruten + Sense	Diskussionen die zur Trennung führen und Streitigkeiten folgen
Mond + Sonne	nach einer schwierigen Trennung, kommt doch das Glück

Karte 20:
Der Park | Pik 8

Allgemein:
Öffentlichkeit, aus dem Publikum kommen, großes Haus, Theater, Oper oder ähnlichen kein Wohnhaus. Einladung zu Medienveranstaltungen

bezüglich
Liebe: Hochzeit, eheähnliche Partnerschaft, Bund fürs Leben
Beruf: Berufsziel ist erreicht.
Gesundheit: Kuraufenthalt, Rehamasnahme

Einzelaussage:
Versuchen Sie nicht Ihre Meinung durchzusetzen, seien Sie zu einem Kompromiss bereit, es fällt Ihnen dann vieles einfacher.

Charaktereigenschaften:
steht gerne im Mittelpunkt, liebt den Luxus und das Leben.

äußeres Erscheinungsbild:
modischer Mensch, verändert sein Aussehen je nach Mode, fast wie ein Camelion

Bezug auf die Skatkarte:
überraschende Nachricht, kurzer Weg bis dorthin

Kombinationen zur Karte 20: der Park / Pik 8

Reiter erfreuliches Fest /
der Bekanntenkreis wird größer, durch
neue Menschen

Klee kurzfristige Einladung /
glückliche Momente im Bekanntenkreis

Schiff Sehnsucht nach neuen Freunden / Reise im Bekanntenkreis

Haus geschlossene Gesellschaft /
großes Wohnhaus, das einem selbst gehört

Baum lange Bindung an den Bekanntenkreis /
Leben in der Öffentlichkeit

Wolken Unklarheiten klären sich / Missverständnisse werden aufgeklärt

Schlange Schwierigkeiten mit einer Frau, sie lügt /
durchmogeln im Bekanntenkreis

Sarg Krankenhaus / Altenheim /
eine Beziehung wird beendet, meist der gedankliche Abschluss

Blumen Umgang mit einer Frau in der Öffentlichkeit /
viele Leute auf einer Veranstaltung

Sense plötzlich überraschendes auftauchen von Bekannten /
Kontakt mit den falschen Leuten

Ruten Streit wird in der Öffentlichkeit ausgetragen /
Veranstaltung mit Rahmenprogramm

Eulen Sorgen werden im Bekanntenkreis diskutiert /
einige Veranstaltungen zum gleichen Zeitpunkt

Kind	Kindergarten oder Schule / Bekanntenkreis ist naiv / kleine lustige Gesellschaft
Fuchs	im Bekanntenkreis wird viel gelogen / viele scheinheilige Menschen um einen herum
Bär	ein Mann aus dem Bekanntenkreis / Umgang mit Leuten aus dem gehobenen Kreis
Sterne	Klarheit in den Bekanntenkreis bringen
Storch	Einfluss der der Bekanntenkreis hat / Veränderungen im Bekanntenkreis
Hund	riesiger Freundeskreis / sehr beliebt sein / Fest mit Freunden
Turm	Einsamkeit, obwohl viele Leute um einen herum sind / Entfernung zu anderen Menschen
Berg	Angst vor dem Umgang in der Öffentlichkeit / Veranstaltung nur für geladene Gäste
Wege	ein Bekanntenkreis entscheidet füreinander
Mäuse	meiden der Öffentlichkeit / Bekanntenkreis geht verloren / Freunde trennen sich
Herz	man liebt das Leben / die Liebe gehört nicht nur einer Person
Ring	Hochzeitgesellschaft / großes Fest aus Liebe
Buch	Geheimhaltung von Bekanntschaften
Brief	wahre Freundschaft kann ausgeschlossen werden / Einladung zu einer Veranstaltung

Herr	Hauptperson steht in der Öffentlichkeit / Hauptperson hat einen großen Bekanntenkreis
Dame	Hauptperson steht in der Öffentlichkeit / Hauptperson hat einen großen Bekanntenkreis
Lilie	Bordellbesuch / sexuelle Abenteuer werden öffentlich / Bekanntenkreis hält zusammen
Sonne	schöne Zeit die Kraft gibt, mit dem Bekanntenkreis / fördernde Gesellschaft
Mond	auf einer Veranstaltung bekommt man sehr viel Anerkennung / Bekanntenkreis hilft aus einem psychischen Tief
Schlüssel	ein Fest findet auf jedenfalls statt / Sicherheit kommt vom Bekanntenkreis
Fische	Veranstaltung zum sammeln von Spenden / Versteigerung / ein Kredit wird gebraucht
Anker	Arbeit mit viel Kundschaft / ehrenamtliche Öffentlichkeitsarbeit
Kreuz	unregelmäßiger Konsum von Alkohol / Leute wenden sich von einem selbst ab

3er-Kombinationen zur Karte 20: der Park / Pik 8
(als Beispiel nur einige Kombinationen)

Kreuz + Sense	unregelmäßiger Alkoholkonsum, der zur Sucht werden kann
Fische + Kind	Sammeln von Spenden die Kinder zugute kommen
Mond + Anker	viel Anerkennung aufgrund der Arbeit

Karte 21:
Der Berg | Kreuz 8

Allgemein:
Blockade, Hindernis, Behinderung, Sperre, keine Weiterentwicklung

bezüglich
Liebe: große Anstrengungen sind notwendig um die Partnerschaft zu klären
Beruf: Aufgabe ist gestellt, nur der Weg nach oben ist schwer
Gesundheit: seelische und körperliche Belastungen einschränken

Einzelaussage:
Schwierigkeiten sind in sicht, überlegen Sie gut, ob Ihre Sturheit so richtig ist. Versuchen Sie einen einfachen Weg zu gehen, was Ihre Probleme angeht.

als Personenkarte:
dominanter, gefühlskalter Mann, unangenehmer Chef,

Charaktereigenschaften:
stur, blockiert, kalt, verklemmt, ehrgeizig, zäh

äußeres Erscheinungsbild:
eine sehr eingeschränkte Persönlichkeit, verletzter Mensch zu dem man kaum Zugang bekommt, lacht nur selten, ist oft aggressiv und streitsüchtig

Bezug auf die Skatkarte:
Ärger, Kummer, Sorgen, Verdruss

Kombinationen zur Karte 21: der Berg / Kreuz 8

Reiter Blockade sämtlicher Handlungen /
man nimmt schöne Dinge nicht mehr wahr

Klee kurzzeitige Blockaden /
Blockaden lösen sich schnell wieder auf

Schiff Wünsche bleiben unerfüllt /
eine Reise wird blockiert von dem Umfeld

Haus im eigenen Haus fühlt man sich eingeengt /
Frustration was die eigene Wohnung betrifft /
freiwillig verläst man nicht mehr das Haus

Baum Blockaden die das eigene Leben und die Gesundheit betreffen /
Frust was eine Lebenssituation betrifft

Wolken man benutzt jetzt wieder den Verstand um eine Situation zu retten

Schlange Blockaden werden auf einem schwierigen Weg gelöst

Sarg ein Neuanfang wird momentan blockiert /
man leidet ohne dass es jemand mitbekommt

Blumen Blockaden lösen sich fast wie von selbst /
ein angekündigter Besuch kommt nicht

Sense Hindernisse und Schwierigkeiten tauchen auf /
unerwartete Blockaden

Ruten böser Streit, der nicht zu beenden ist /
Blockade was Diskusionen angeht

Eulen Blockaden die einen total hemmen

Kind	Blockaden aus der Kindheit / Trotzkopf-dickköpfig in überdimensionaler Form
Fuchs	Blockaden dadurch das gelogen wird / Schwierigkeiten macht man sich selbst / falsche Einschätzung was ein Gespräch betrifft
Bär	großer Altersunterschied zwischen zwei Personen / Mann der sehr schüchtern ist
Sterne	die Gedanken werden blockiert / man findet kein Ergebnis in einer Situation
Storch	Veränderungen werden jetzt noch blockiert, die Zeit dafür ist noch nicht gekommen
Hund	Enttäuschungen und Frustration durch einen Freund / Blockaden in der Freundschaft
Turm	absolute Sturheit / absolut keine Einigung möglich
Park	Blockaden wenn es um einen öffentlichen Auftritt geht / in deinem Umfeld denkt jeder nur an sich selbst
Wege	man sucht alternativen zu den Hindernissen / eine Entscheidung wird blockiert
Mäuse	Hemmungen und Blockaden werden überwunden / durch Dickköpfigkeit kommt ein Verlust auf einen zu
Herz	die Liebe wird blockiert / nicht die gewünschte Entwicklung in Liebesdingen
Ring	Bindung blockiert die wahre Liebe / Absage bei einem Heiratsantrag

Buch	Blockieren eines Geheimnisses / man hält etwas erfolgreich geheim
Brief	eine Nachricht kommt nicht an / Blockaden wegen einer Kontaktaufnahme
Herr	Hauptperson macht unerfreuliche Erfahrung / Hauptperson blockiert sich selbst / ist dickköpfig
Dame	Hauptperson macht unerfreuliche Erfahrung / Hauptperson blockiert sich selbst / ist dickköpfig
Lilie	Blockade in der Sexualität / sexuelle Lust ist nicht mehr vorhanden
Sonne	Blockaden die Glück bringen / Energie wird blockiert
Mond	Frustration und Blockaden bleiben noch länger bestehen
Schlüssel	Blockaden lösen sich mit Sicherheit / Blockaden sind bestimmt, damit sich eine Situation von selbst ändert
Fische	Geld auf das man wartet, wird nicht kommen / Geldprobleme blockieren einen selbst
Anker	Blockaden im beruflichen Bereich / Vorgesetzter der absolute Disziplin erwartet
Kreuz	Blockaden lösen sich / Frustration und Hemmungen verschwinden

Karte 22:
Die Wege | Karo Dame

Allgemein:
Entscheidungen fallen, Kompromissbereitschaft, Alternativen, Ausweichmöglichkeiten

zeitlich
weniger als 7 Wochen

bezüglich
Liebe: Wendepunkt, neues Glück winkt
Beruf: eine Entscheidung steht an, Angebote sollen gut überlegt sein
Gesundheit: eine Therapie wird ganz neu konzipiert

Einzelaussage:
Treffen Sie Entscheidungen in Ruhe und alleine, Sie stehen an einem Scheideweg, nur Sie können für sich entscheiden, wohin Ihr Leben führen soll.

Charaktereigenschaften:
geht den Weg des geringsten Widerstandes, Entscheidungen werden vor sich hergeschoben.

äußeres Erscheinungsbild:
meist blaue Augen und blond bis hellbraune Haare

Bezug auf die Skatkarte:
Liebespaar oder Geschäftspartner

Kombinationen zur Karte 22: die Wege / Karo Dame

Reiter	mit dem richtigen Weg wird man vorwärts kommen / der gute Ausgang einer Entscheidung
Klee	kurzzeitige Wege als Alternative / Entscheidungen kommen in Kürze
Schiff	eine Entscheidung wird von anderen gefordert / Wege die eine Reise betreffen
Haus	Auswege / Entscheidungen die die Wohnung betreffen
Baum	der Weg führt hin auf eine feste Beziehung / Entscheidungen werden noch lange auf sich warten lassen
Wolken	Wege die nicht klar sind / Entscheidung die Entspannung bringt
Schlange	Entscheidungen fallen schwer / Entscheidungen werden auf Umwegen getroffen
Sarg	der Weg führt in eine Sackgasse / Entscheidungen werden nicht getroffen
Blumen	Wege die Freude bringen / Entscheidungen wegen einer Frau
Sense	Entscheidungen sollten sehr gut überlegt sein / plötzliche Änderung der Wege
Ruten	Streitigkeiten und Diskusionen wegen einer Entscheidung / Diskusionen die zum Ziel führen
Eulen	sorgenvolle Entscheidungen / Zweifel werden sich auflösen
Kind	Entscheidungen wegen eines Kindes / Wege die keine Probleme machen

Fuchs	falsche Entscheidungen / man geht in die falsche Richtung / Wege die nicht der Wahrheit entsprechen
Bär	Wege die stabil sind / Entscheidung wegen eines Mannes
Sterne	klare Verhältnisse über eine Entscheidung / eine Entscheidung klärt die Verhältnisse
Storch	grundlegende Veränderungen über eine Entscheidung / Veränderungen kommen auf verschiedenen Wegen
Hund	Entscheidungen wegen einer Freundschaft / Wege die eine Freundschaft umgehen
Turm	Entscheidungen wegen einer Trennung / Wege aus der Isolation
Park	Wege die die Gesellschaft betreffen / Entscheidungen werden in aller Öffentlichkeit betreffen
Berg	Wege sind blockiert / Entscheidungen sind nicht möglich
Mäuse	der falsche Weg wurde eingeschlagen / Entscheidungen werden von anderen getroffen
Herz	Wege die die Liebe betreffen / Entscheidungen wegen der Liebe auf langem Weg
Ring	Wege die zu einer Bindung führen / eine Entscheidung in Partnerfragen
Buch	geheime Wege führen aufeinander zu / momentan wird keine Entscheidung getroffen
Brief	Eine Entscheidung wird per Nachricht kommen / Wege die man schnell gehen muss

Herr	Entscheidungen werden von der Hauptperson getroffen / die Hauptperson nimmt den Weg des geringsten Widerstandes
Dame	Entscheidungen werden von der Hauptperson getroffen / die Hauptperson nimmt den Weg des geringsten Widerstandes
Lilie	alternativen in der Sexualität oder der Familie / Entscheidungen die die Familie betreffen
Sonne	auf einem Weg kommt Kraft und Energie / eine richtige Entscheidung wird getroffen
Mond	Wege die zur Anerkennung führen / Gedanken über eine wichtige Entscheidung
Schlüssel	die Wege werden mit Sicherheit gegangen / eine wichtige Entscheidung bringt Sicherheit
Fische	finanzielle Entscheidungen fallen an / Geld wird auf dem langen Weg kommen
Anker	verschiedene Wege die dem Beruf betreffen / Entscheidungen über Veränderung am Arbeitsplatz
Kreuz	schneller kurzer Weg zum Ziel / Umkehr findet nicht statt

3er-Kombinationen zur Karte 22: die Wege / Karo Dame
(als Beispiel nur einige Kombinationen)

Schlüssel + Kind	Wege die mit Sicherheit gegangen werden führen zu einem Kind
Bär + Dame	Wege die von einem Mann weg führen, hin zu einer Frau

Karte 23:
Die Mäuse | Kreuz 7

Allgemein:
Verlust, Diebstahl,
es handelt sich immer um Abfall, Müll

bezüglich
Liebe: Gefahr des Verlustes
Beruf: Intrigen, Mobbing
Gesundheit: bleibt so wie sie ist, ein bisschen Vorsichtig sein

Einzelaussage:
Achten Sie genau darauf, was Sie tun. Nicht unvorsichtig sein, auf alles eine Auge haben und sich beeilen, dann kann Ihnen nicht viel passieren

Charaktereigenschaften:
Angst zu verlieren, nicht loslassen können

äußeres Erscheinungsbild:
lichtes Haar oder fehlendes Haupthaar, Mangelerscheinung von Natur aus

Bezug auf die Skatkarte:
Traurigkeit kommt auf, Depressionen kommen

Kombinationen zur Karte 23: die Mäuse / Kreuz 7

Reiter — Gutes kommt auf einen zu, aber man nimmt es nicht war /
etwas verlorenes kommt wieder

Klee — kurzzeitiger Verlust / man verschließt sich dem Glück

Schiff — eine Reise findet nicht statt /
ein ungutes Gefühl wenn es um eine Reise geht

Haus — Stabilität nimmt man nicht war /
stabile Verhältnisse werden nicht wirklich wahrgenommen

Baum — ein negativer Befund, ist nicht so schlimm, wie es sich anhört /
mit dem Verhalten schädigt man seine eigene Gesundheit

Wolken — Trennung von Menschen die einem wichtig sind /
Verlustängste gehen vorüber

Schlange — eine Beziehung zur Geliebten wird beendet /
Schwierigkeiten werden Umgangen

Sarg — gute Genesung, nach einer langen Krankheit /
der Krankheitsbefund sollte ernst genommen werden

Blumen — ein Einladung wird nicht wahrgenommen /
eine jüngere Frau wird abgewiesen

Sense — ein Verlust wird größer als man denkt /
Verlust kommt unerwartet

Ruten — Verlust durch Diskussionen /
Diskusionen sollten vermieden werden

Eulen	Zweifel gehen vorüber / Probleme werden nicht diskutiert, sondern vor sich her geschoben
Kind	Neubeginn, nach einem Verlust / ein Kind ist nicht erwünscht
Fuchs	Ehrlichkeit, nach großen Lügen / Lügen werden aufgedeckt
Bär	man verliert einen älteren Mann / Stabilität nach Unsicherheiten
Sterne	keine Interesse an einer Klärung / Gedanken führen zur Klarheit
Storch	Veränderungen finden statt / Veränderungen werden kommen, obwohl man es nicht will
Hund	negatives Verhalten in einer Freundschaft / ein Freund wird abgelehnt
Turm	Trennung wird rückgängig gemacht / Isolierung von anderen Menschen
Park	man entfernt sich vom Bekanntenkreis / Angst in der Öffentlichkeit
Berg	Verlust von Blockaden / Konfliktbewältigung
Wege	nicht fähig Entscheidungen zu treffen / eine Entscheidung wird ins unendliche aufgeschoben
Herz	Verlust der Liebe / Unwohlsein in Herzensdingen / sich wehren wenn es um Liebe geht
Ring	Verlust einer Beziehung (umliegende Karten beachten) / Beziehungsunfähigkeit ist vorhanden
Buch	ein Geheimnis wird diskutiert / Geheimnisse lößen sich auf

Brief	es findet keine Kontaktaufnahme statt / eine verlorene Nachricht kommt doch noch an
Herr	Hauptperson weiß nicht wie er sich verhalten soll / Gedanken über eine Frau
Dame	Hauptperson weiß nicht wie er sich verhalten soll / Gedanken über einen Mann
Lilie	Erektionsstörungen / sexuelle Angebote werden abgelehnt / in einer Beziehung besteht keine Sexualität
Sonne	Rückzug, der trotzdem Glück bringt / man verliert an Energie
Mond	es bestehen keine klaren Gedanken / Verhalten ist nicht sehr tiefgehend
Schlüssel	man verliert an Sicherheit / unsichere Unternehmungen
Fische	Geldverlust / Abhängigkeit von Alkohol oder Drogen
Anker	Arbeit wird abgelehnt / Arbeitsverlust / vorgehen gegen Abhängigkeit
Kreuz	absoluter Verlust (kein Tod) / ein Verlust gewinnt an Bedeutung

3er-Kombinationen zur Karte 23: die Mäuse / Kreuz 7

(als Beispiel nur einige Kombinationen)

Anker + Sonne	glücklich über Arbeitsverlust
Lilie + Sarg	fehlende Sexualität führt zur Beendigung der Beziehung
Sense + Ruten	Diskussionen und Streitigkeiten eskalieren

Karte 24:
Das Herz | Herz Bube

Allgemein:
sehr zugetan, absolute Verliebtheit, Liebe, Glück, hilfsbereit sein,

bezüglich
Liebe: das absolute Glück in der Liebe
Beruf: Traumjob, geniale Arbeitsbedingungen
Gesundheit: bei der Heilung hilft die Liebe

Einzelaussage:
Der Mensch, den Du liebst, wird dich in allen Dingen unterstützen gibt Dir halt und hilft Dir den Weg bis zum Ende zu gehen, Wünsche können durch Ihn wahr werden.

Charaktereigenschaften:
herzlich, uneigennützig, hilfsbereit

äußeres Erscheinungsbild:
eher kräftiger Körperbau, elegante Erscheinung, hat einen sehr guten Geschmack z.B. was Kleidung betrifft

Bezug auf die Skatkarte:
liebevolle Gedanken an eine Person

Kombinationen zur Karte 24: das Herz / Herz Bube

Reiter	neue Beziehung in Herzensdingen / gute Nachrichten was die Liebe angeht
Klee	schöne Stimmung in der nächsten Zeit / absolutes Liebesglück
Schiff	man kommt fast um vor Sehnsucht in der Liebe / Reise in Herzensdingen
Haus	Verbundenheit nach Hause / Stabilität in der Partnerschaft
Baum	Liebe die auf Ewigkeit hält / beständige Liebe
Wolken	richtige Krise in der Partnerschaft / durch Herzensdinge werden Unklarheiten ausgeräumt
Schlange	Liebe zu der falschen Frau / Liebe auf anderen Wegen
Sarg	Beziehungspause / sehr kühles Verhältnis in der Liebe
Blumen	netter Besuch, auf den man sich freut / Heiratsantrag
Sense	explosive Liebe / Streitigkeiten in der Liebe / Eifersucht
Ruten	Diskussionen um eine Liebe / Ärger der eine Liebe betrifft
Eulen	Liebe zu zwei Frauen / Liebeskummer
Kind	Neuanfang mit einem Ex-Partner / neues Liebesverhältnis
Fuchs	Partner lügt in Herzensdingen / herzloses Verhalten
Bär	Liebe zu einem Mann, der nicht der Partner ist / Missgunst in Herzensdingen

Sterne	glückliche erfüllte Sehnsucht / erfüllte Beziehung, wahre Liebe ist vorhanden
Storch	Veränderungen in Herzensdingen / positive Veränderungen in einer Beziehung
Hund	absolute Treue in der Liebe / positive Freundschaft
Turm	Trennung einer Beziehung trotz Liebe / die Liebe hat eine Begrenzung
Park	man steht gerne in der Öffentlichkeit / Liebe zum eigenen Leben
Berg	Blockade in Liebesdingen / Frustrationen was eine Liebe betrifft
Wege	eine Entscheidung in Liebesdingen steht an
Mäuse	Trennung wird kommen / Liebe geht vorüber / Gemeinheiten in Herzensdingen
Ring	Trennung wird es keine geben / absolute Liebe in einer Beziehung
Buch	geheime Liebe / eine Liebesbeziehung muss geheim bleiben
Brief	Brief aus Liebe / Nachricht über eine Liebe
Herr	die Hauptperson verliebt sich, ist verliebt
Dame	die Hauptperson verliebt sich, ist verliebt
Lilie	absolute sexuelle Übereinstimmung in der Liebe / familiäre Liebe
Sonne	Liebe gibt einem Kraft und Energie / absolute Herzenswärme

Mond	Gedanken über eine Liebe / tiefgehende Gefühle
Schlüssel	mit Sicherheit die richtige Liebe
Fische	Liebe mit Verbundenheit zum Geld / Liebe mit tiefer Sehnsucht
Anker	Abhängigkeit vom Partner ist vorhanden / absolute Liebe zur Arbeit-Workaholic
Kreuz	Liebe wird vergehen / karmische Liebe, die in einer halb-halb Beziehung endet / man kann nicht miteinander aber auch nicht ohneeinander

3er-Kombination zur Karte 24: das Herz / Herz Bube
(als Beispiel nur einige Kombinationen)

Ring + Turm	absolute Liebesbeziehung, die trotzdem getrennt wird
Sarg + Schlange	Beziehungspause zu einem Verhältnis
Buch + Lilie	rein sexuelles Verhältnis zu einer zweiten Frau
Sonne + Fische	absolute Beziehung die nur auf Geld basiert
Reiter + Klee	neue glückliche Beziehung
Turm + Kind	Neuanfang mit einem Ex-Partner, nach einer Trennung vom jetzigen Partner
Mäuse + Lilie	Verlust von Gefühlen, durch mangelnde Sexualität
Mäuse + Ring	Trennung wird kommen in einer Liebesbeziehung
Ring + Dame	Trennung wird es keine geben, die Hauptperson ist immer noch verliebt

Karte 25:
Der Ring | Kreuz As

Allgemein:
Verbindung bzw. Verbundenheit oder Verpflichtung zu einer Personen, Beruf, oder Liebe

bezüglich
Liebe: glückliche Beziehung, Heirat aus Liebe
Beruf: Arbeitsplatz ist sicher
Gesundheit: vertrauensvolles Verhältnis zum Arzt, Arzt stellt die richtige Diagnose

Einzelaussage:
Wenn das gute ist so nah, suchen Sie nicht nach neuem, überdenken Sie das Vorhandene und festigen Sie es.

Charaktereigenschaften:
Zusammenhalt, verbunden sein

äußeres Erscheinungsbild:
sehr eleganter Mensch, hat Klasse

Bezug auf die Skatkarte:
Kummer, Leid lösen sich auf

Kombinationen zur Karte 25: der Ring / Kreuz As

Reiter	Fortschreiten einer Beziehung / Beginn einer Beziehung / gut Nachrichten in Herzensdingen
Klee	in Kürze besteht eine Beziehung / Liebe bringt Glück ins Haus
Schiff	Sehnsucht nach Liebe / Hochzeitsreise
Haus	glückliche Verbindung zum Haus / Stabilität in der Partnerschaft
Baum	Bindung fürs Leben / ewige Beziehung
Wolken	bei einem Vertrag sollte man vorsichtig sein / Unklarheiten in einer Beziehung gehen vorüber
Schlange	Bindung zur falschen Frau / Verbindung zu einer Frau die nicht die Partnerin ist
Sarg	Scheidung / Beziehung macht einen selbst krank
Blumen	Verbindung die noch reifen muss / Heiratsantrag
Sense	so plötzlich wie die Beziehung kommt, wird Sie auch wieder beendet / Verbindung die Gefahr mit sich bringt
Ruten	Streit in einer Partnerschaft / Ehekrach / Diskusionen in Beziehungsfragen
Eulen	Verbindung zu zwei Frauen / Verbindung bringt Kummer
Kind	Neubeginn einer Beziehung / Neubeginn einer Beziehung mit dem Ex-Partner

Fuchs	Lügen innerhalb der Partnerschaft / falsche Verbindungen
Bär	Bindung zu einem fremden Mann, nicht der eigene Partner / langjährige Ehe
Sterne	Beziehung die nur in den Gedanken besteht / seelische Verbundenheit
Storch	Veränderungen in einer Beziehung / Veränderungen in der Ehe
Hund	sehr treuer Partner / Treue in der Verbindung / dauerhafte Verbindung
Turm	trotz Beziehung, fühlt man sich einsam / Scheidung / Trennung einer Beziehung
Park	Hochzeitsgesellschaft / Verbindung zur Öffentlichkeit
Berg	Blockaden in einer Verbindung / in einer Verbindung bestehen Hindernisse
Wege	Wende innerhalb einer Beziehung / Entscheidungen stehen an innerhalb der Partnerschaft
Mäuse	Verlust der Verbindung - Trennung / Ehe ist zu Ende
Herz	absolut Liebe in Herzensdingen / Verbundenheit in Liebesdingen
Buch	geheime Beziehung / Verträge die die Liebe betreffen
Brief	Beziehung die nach kurzer Zeit wieder getrennt wird / Liebesnachricht
Herr	Hauptperson wird eine Beziehung führen / gebundener Mann

Dame	Hauptperson wird eine Beziehung führen / gebundene Frau
Lilie	Beziehung die rein auf Sexualität basiert / familiäre Beziehung
Sonne	Beziehung gibt Kraft / Beziehung mit Geborgenheit
Mond	Gedanken über eine Beziehung / seelische Verbundenheit zum Partner
Schlüssel	Sicherheit und Geborgenheit innerhalb einer Beziehung / sichere Verträge
Fische	Verbindung aus Geldgründen / in der Beziehung ist viel Geld vorhanden
Anker	eine Verbindung die man nicht trennen kann / Arbeitsvertrag
Kreuz	Verbindung durch das Karma, positiv / wichtige Beziehungen oder Verträge

3er-Kombinationen zur Karte 25: der Ring / Kreuz As
(als Beispiel nur einige Kombinationen)

Kreuz + Kind	wichtige Beziehung zu einem Kind
Fische + Bär	Verbindung aus Geldgründen zu einem älteren Mann
Turm + Sense	Trennung einer Beziehung durch Streitigkeiten
Herz + Dame	eine glückliche Ehe mit viel Liebe zu einer Frau
Klee + Baum	innerhalb kürzester Zeit entsteht eine Verbindung fürs Leben

Karte 26:
Das Buch | Karo 10

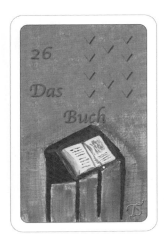

Allgemein:
Geheimnis, das Unbewusste, noch nicht spruchreif, noch unbekannt, noch etwas zu erwarten

bezüglich
Liebe: etwas über den Partner oder von einer Beziehung weiß man noch nichts.
Beruf: geheime Veränderungen die den Beruf betreffen
Gesundheit: man weiß noch nicht dass eine Krankheit gut ausgeht, Homöopathie

Einzelaussage:
Etwas ist noch nicht spruchreif, eine bestimmte Person versucht es zu verzögern

Charaktereigenschaften:
Verschlossen sein, Geheimnisse haben, geheimnisvoll

äußeres Erscheinungsbild:
eleganter aber verschlossener Mensch, schlanke bis kräftige Figur, blonde bis braune Haare, dieser Mensch strahlt etwas geheimnisvolles aus.

Bezug auf die Skatkarte:
Geheimnis wenn es um die Finanzen oder das Geld geht

Kombinationen zur Karte 26: das Buch / Karo 10

Reiter	Geheimnisse werden anvertraut / gute Nachrichten lassen auf sich warten
Klee	Geheimnisse werden innerhalb kürzester Zeit Preis gegeben / Geheimnisse die Spaß bringen kommen noch
Schiff	man wird eine Reise machen, von der man jetzt noch nichts weiß
Haus	Lebensumstände werden sich im geheimen ändern / Geheimnisse kommen ins Haus
Baum	Geheimnisse die man sehr lange nicht erfahren wird, manchmal auch nie
Wolken	Geheimnisse klären sich / man erfährt einige Geheimnisse
Schlange	falsche Frau die viele Geheimnisse hat / eine Frau die man noch kennen lernt
Sarg	Diagnose einer Krankheit ist nicht klar zu erkennen / keine wirkliche Krankheit
Blumen	eine große Überraschung kommt auf einen zu / man lernt eine neue Frau kennen
Sense	plötzlich werden Geheimnisse gelöst / man erfährt das etwas verheimlicht wurde
Ruten	Diskussionen und Streitigkeiten wegen einem Geheimnis / jemand Versucht etwas zu vertuschen
Eulen	es macht psychisch Labil, das man über das Geheimnis nicht reden darf

Kind	Geheimnisse sind nicht so wichtig / Neuanfang ist noch ein Geheimnis
Fuchs	Lügen über die man Bescheid weiß, werden für sich behalten / Geheimhaltung eines Betruges
Bär	ein geheimnisvoller Mann den man erst noch kennenlernt
Sterne	das Mediale liegt noch im Geheimen / es dauert noch bis zur Klärung der Angelegenheit
Storch	Veränderungen die noch kommen werden, die momentan noch geheim sind
Hund	Geheimhaltung einer Freundschaft / Freunde behalten Ihre Geheimnisse für sich
Turm	eine Trennung ist nur die allerletzte Lösung / Trennung steht nicht zur Diskusion
Park	Bekanntschaften, die verheimlicht werden müssen / Geheimnisse vor der Öffentlichkeit
Berg	Frustrationen, Blockaden von den man noch nichts weiß / Frustrationen die von Geheimnissen kommen
Wege	Geheimnisse kommen aus verschiedenen Richtungen / Entscheidungen werden noch nicht getroffen
Mäuse	man wird ein Geheimnis erfahren / man wird durch ein Geheimnis Verlust erleiden
Herz	geheimnisvolle Liebe / Liebe muss noch geheim gehalten werden
Ring	eine geheime Beziehung / über die kommende Ehe wird noch nicht gesprochen

Brief	ein Geheimnis wird einem mitgeteilt / Briefgeheimnis
Herr	den Herzensmann hat man noch nicht kennengelernt / die Hauptperson hat Geheimnisse
Dame	die Herzdame hat man noch nicht kennengelernt / die Hauptperson hat Geheimnisse
Lilie	ein Geheimnis das die Sexualität betrifft / ein Geheimnis wird sich offenbaren
Sonne	Kraft kommt von außen / Unterstützung kommt aus dem Umfeld
Mond	Geheimnisse die die Psyche belasten / bedrückende Stimmung das man über etwas nicht sprechen darf
Schlüssel	das Geheimnis ist mit Sicherheit vorhanden / Geheimhaltung ist mit Sicherheit möglich
Fische	es kommt Geld von dem man noch nichts weiß
Anker	karmische Geheimnisse / Geheimnisse die die Arbeit betreffen / Geheimnisse am Arbeitsplatz
Kreuz	karmisches Geheimnis, das offensichtlich ist / Geheimniskrämerei

3er-Kombinationen zur Karte 26: das Buch / Karo 10
(als Beispiel einige Kombinationen)

Fische + Herr	Hauptperson hat mehr Geld als das er zugibt
Sonne + Hund	hilfreiche Unterstützung kommt aus dem Freundeskreis

Karte 27:
Der Brief | Pik 7

Allgemein:
Brief, Nachricht, Telefonat, Korrespondenz
Aber auch etwas das vorübergeht, nichts das bleibt

als Zeitangabe:
kurzfristig, Zeit geht sehr schnell vorbei

bezüglich
Liebe: Liebesgeständnis in einer Botschaft
Beruf: achten was man tut, nicht vom wesentlichen abschweifen
Gesundheit: Ergebnis einer Untersucht wird kommen

Einzelaussage:
Irgendetwas stimmt nicht, versuche die Botschaften aus deiner Umgebung zu verstehen.

Charaktereigenschaften:
kurzatmig, oberflächlich

äußeres Erscheinungsbild:
ruhelos und aktiv, meist schlanke Erscheinung, blau oder grüne Augen, blond bis braune Haare, entschlossen im Ausdruck und Bewegung

Bezug auf die Skatkarte:
Warnung vor einer umliegenden Person

Kombinationen zur Karte 27: der Brief / Pik 7

Reiter	schriftliche Nachricht / Nachricht über die man sich freut
Klee	kurze erfreuliche Nachricht / Nachricht die Glück bringt
Schiff	Nachricht wird kommen / man muss noch eine Zeit auf die Nachricht warten
Haus	kurzzeitige Unterkunft / Nachricht kommt direkt ins Haus
Baum	Nachricht kommt jetzt, die schon lange aussteht / auf eine Nachricht warten müssen
Wolken	Unklarheiten werden über eine Nachricht geklärt
Schlange	Nachricht die man von anderen erfährt / mit einer Nachricht kommen Schwierigkeiten
Sarg	Krankenbericht, Krankschrieb / Nachricht über eine Diagnose, Krankheit
Blumen	Einladung zu einer Frau / kleines Geschenk zu einer Einladung
Sense	plötzliche auftretende Nachricht / plötzliche Aufnahme des Kontaktes
Ruten	Nachrichten über die man sprechen muss / Nachricht über die man streitet
Eulen	eine Nachricht bringt Zweifel / eine negative Nachricht wird kommen

Kind	kleines Geschenk / eine Mitteilung über einen Neuanfang
Fuchs	eine Nachricht die gelogen ist
Bär	Nachrichten von Anwälten, Behörden / Nachricht von einem älteren Mann
Sterne	mit einer Nachricht kommt Klarheit
Storch	mit einer Nachricht kommt Veränderung / erfreuliche Veränderungen über eine Nachricht
Hund	Nachricht von Freunden / Freundeskreis hat keinen Zusammenhalt
Turm	eine Nachricht über die Trennung wird kommen
Park	Einladung zu einer Öffentlichen Veranstaltung / Einladung mit vielen Leuten
Berg	blockierte Nachricht, die in ein paar Tagen kommt / endgültig blockierte Nachricht
Wege	Nachricht kommt über den kürzesten Weg / eine Entscheidung wird geändert
Mäuse	eine Nachricht kommt nicht an
Herz	Nachricht die aus Liebe kommt / Liebesgedicht, -brief
Ring	schriftlicher Vertrag der mit der Beziehung zu tun hat
Buch	Nachricht die wegen eines Geheimnisses kommt / das Geheimnis wird gelüftet

Herr	instabile Verbindung / eine Nachricht für die Hauptperson kommt
Dame	instabile Verbindung / eine Nachricht für die Hauptperson kommt
Lilie	Einladung zu einer Familienfeier / Nachricht die mit Sexualität zu tun hat
Sonne	absolut glückliche Nachricht / mit der Nachricht kommt Kraft und Energie auf
Mond	Nachricht die die Psyche betrifft / Nachricht fördert das Selbstbewusstsein
Schlüssel	Nachricht wird auf jedenfalls kommen / mit der Nachricht kommt Ruhe auf
Fische	Scheck kommt / Einnahmen werden nicht auf Dauer sein / Geldbrief
Anker	kurzzeitige Arbeitstelle / keinen wirklichen Bezug zum Arbeitsplatz
Kreuz	karmische Nachricht / Nachricht wo sich das warten nicht mehr lohnt, da Sie nicht kommt

3er-Kombinationen zur Karte 27: der Brief / Pik 7
(als Beispiel nur einige Kombinationen)

Kreuz + Dame	karmische Nachricht zur Partnerin
Herz + Schlange	Nachricht aus Liebe, nicht von der Partnerin, sondern von einer anderen Frau

Karte 28:
Der Herr | Herz As

Allgemein:
männlicher Fragesteller
wenn weibliche Fragestellerin dann ist es der Herzensmann (Ehemann/Partner)
bei verheirateter Fragestellerin auch der Geliebte möglich.

Einzelaussage

für einen Mann: treffen Sie Entscheidungen selbständig, ohne groß nachzufragen, deine Entscheidungen sind richtig

für eine Frau: zeigen sie Ihrem Partner das Er Ihnen wichtig ist.

Charaktereigenschaften / äußeres Erscheinungsbild:
variabel, da immer Fragesteller oder Herzensmann

Bezug auf die Skatkarte:
familiäre Häuslichkeit

Kombinationen zur Karte 28: der Herr / Herz As

Reiter	zielsichere Nachricht die Hauptperson betreffend / vorankommen, aufsteigen
Klee	glücklicher Ausgang eines Unternehmens / glücklich in vielen Lebensbereichen
Schiff	eine Reise, die die Hauptperson machen wird / Sehnsucht nach... (umliegende Karten beachten)
Haus	gute Beziehung zu einer Ex-Frau / stabile Verhältnisse die das Zuhause betreffen
Baum	Beziehung wird stabil / Neigung zu langweiligem Verhalten
Wolken	Situationen klären sich / so langsam bekommt die Hauptperson den Durchblick
Schlange	Hauptperson hat eine Geliebte neben der Partnerin / eine gute, aber falsche Freundin
Sarg	Neubeginn was die umliegenden Karten betrifft / Krankheit der Hauptperson
Blumen	Hauptperson hat einen Flirt, keine sexuelle Beziehung / jüngere Freundin, Schwester, Tochter / charmantes freundliches Verhalten
Sense	Hauptperson erlebt schockierendes / Jähzorn und Aggressionen werden ausgelebt
Ruten	geht Streit und Diskussionen aus dem Weg / eine streitsüchtiger Partner
Eulen	weiß nicht wie er die Entscheidung treffen soll / Kummer der auf Ihn zukommt

Kind	sehr enge Beziehung zum eigenen Kind / Naivität
Fuchs	Lügen die der Hauptperson Glück bringen / sachlicher Mann
Bär	Elternteil hat sehr großes Mitspracherecht im Leben / Geliebte der Hauptperson (nicht Partnerin)
Sterne	hellsichtiger offener Mann, sensibel und wahrheitsliebend
Storch	Veränderungen werden bei der Hauptperson kommen
Hund	treuer Partner / Beziehung in Freundschaft zu einem anderen Mann
Turm	möchte Alleinsein / Trennung liegt hinter Ihm
Park	Hauptperson ist gerne in Gesellschaft / viele Menschen um die Hauptperson herum
Berg	Hauptperson blockiert sich selbst (auf umliegende Karten achten) / frustriert, stures und kleinkariertes Verhalten
Wege	Hauptperson sucht alternativen / drücken vor einer klaren Entscheidung
Mäuse	Hauptperson hat sich selbst aufgegeben / Verlust des Partners
Herz	absolute Herzlichkeit / Verliebtheit der Hauptperson
Ring	feste stabile Bindung / gebundener Mann
Buch	Geheimnis der Hauptperson (welches sagen die umliegenden Karten)

Brief	Verbindung wird nicht halten / Hauptperson nimmt vieles nicht sehr genau
Dame	Partner haben wenig Gespräche / Trennung (wenn danach die Sense liegt)
Lilie	Flirtpartner / Partner der nur aus sexuellen Gründen da ist
Sonne	Anziehungskraft wird stärker zwischen zwei Menschen / Hauptperson erlebt eine romantische Zeit
Mond	innige Verbundenheit zum Partner / Nervosität was die Partnerschaft angeht
Schlüssel	Hauptperson fühlt sich sicher / Sicherheit durch den Partner
Fische	Suchtproblem bei der Hauptperson / seelische Verbundenheit zum Partner
Anker	stabiler Mann, die in eine Abhängigkeit rutsch / Abhängigkeit (von umliegenden Karten)
Kreuz	karmische Verbindung / Mann ist vom Schicksal bestimmt / Schwierigkeiten werden weniger

3er-Kombinationen zur Karte 28: der Herr / Herz As
(als Beispiel nur einige Kombinationen)

Anker + Dame	stabiler Mann, der Abhängig ist von seiner Partnerin
Kind + Sense	kindisches Verhalten, das zum Streit führt
Schlange + Lilie	nur sexueller Partner, aber aus einer Freundschaft heraus
Mond + Dame	innige Verbundenheit zur Herzensdame

Karte 29:
Die Dame | Pik As

Allgemein:
weibliche Fragestellerin
wenn männlicher Fragesteller dann ist dies die
Herzensfrau (Ehefrau/Partnerin)

Einzelaussage

für eine Frau: zeigen Sie das Sie wer sind, stehen Sie selbstbewusst in den Mittelpunkt, Sie können es sich leisten so aufzutreten

für einen Mann: zeige deiner Partnerin das Sie dir wichtig ist.

Charaktereigenschaften / äußeres Erscheinungsbild:
variabel

Bezug auf die Skatkarte:
mit dem Partner ins Gericht gehen, sich Auseinadersetzen.

Kombinationen zur Karte 29: die Dame / Pik As

Reiter	zielsichere Nachricht die Hauptperson betreffend / vorankommen, aufsteigen
Klee	glücklicher Ausgang eines Unternehmens / glücklich in vielen Lebensbereichen
Schiff	eine Reise, die die Hauptperson machen wird / Sehnsucht nach… (umliegende Karten beachten)
Haus	gute Beziehung zu einem Ex-Mann / stabile Verhältnisse die das Zuhause betreffen
Baum	Beziehung wird stabil / Neigung zu langweiligem Verhalten
Wolken	Situationen klären sich / so langsam bekommt die Hauptperson den Durchblick
Schlange	Hauptperson ist eine intelligente aber falsche Frau / eine gute ältere Freundin
Sarg	Neubeginn was die umliegenden Karten betrifft / Krankheit der Hauptperson
Blumen	Hauptperson ist jünger als der Herzensmann / jüngere Freundin, Schwester / charmantes freundliches Verhalten
Sense	Hauptperson erlebt schockierendes / Jähzorn und Aggressionen werden ausgelebt
Ruten	geht Streit und Diskussionen aus dem Weg / eine streitsüchtige Partnerin
Eulen	weiß nicht wie Sie die Entscheidung treffen soll / Kummer der auf Sie kommt

Kind	sehr enge Beziehung zum eigenen Kind / Naivität
Fuchs	Lügen die der Hauptperson Glück bringen / sachliche Frau
Bär	Elternteil hat sehr großes Mitspracherecht im Leben / Geliebter der Hauptperson (nicht Herzensmann)
Sterne	hellsichtige offene Frau, sensibel und wahrheitsliebend
Storch	Veränderungen werden bei der Hauptperson kommen
Hund	treue Partnerin / Beziehung in Freundschaft zu einem anderen Mann (nicht dem Partner)
Turm	möchte Alleinsein / Trennung liegt hinter Ihr
Park	Hauptperson ist gerne in Gesellschaft / viele Menschen um die Hauptperson herum
Berg	Hauptperson blockiert sich selbst (auf umliegende Karten achten) / frustriert, stur und kleinkariertes Verhalten
Wege	Hauptperson sucht alternativen / drücken vor einer klaren Entscheidung
Mäuse	Frau hat sich selbst aufgegeben / Verlust der Partnerin
Herz	absolute Herzlichkeit / Verliebtheit der Hauptperson
Ring	feste stabile Bindung / gebundene Frau

Buch	Geheimnis der Hauptperson (welches sagen die umliegenden Karten)
Brief	Verbindung wird nicht halten / Hauptperson nimmt vieles nicht sehr genau
Herr	Partner haben wenig Gespräche / Trennung (wenn danach die Sense liegt)
Lilie	Flirtpartner / Partner der nur aus sexuellen Gründen da ist
Sonne	Anziehungskraft wird stärker zwischen zwei Menschen / Hauptperson erlebt eine romantische Zeit
Mond	innige Verbundenheit zum Partner / Nervosität was die Partnerschaft angeht
Schlüssel	Hauptperson fühlt sich sicher / Sicherheit durch den Partner
Fische	Suchtproblem bei der Hauptperson / seelische Verbundenheit zum Partner
Anker	stabile Frau, die in eine Abhängigkeit rutsch / Abhängigkeit (von umliegenden Karten)
Kreuz	karmische Verbindung / Frau ist vom Schicksal bestimmt / Schwierigkeiten werden weniger

3er-Kombinationen zur Karte 29: die Dame / Pik As
(als Beispiel nur einige Kombinationen)

Anker + Bär	Hauptperson ist abhängig von einem ältern Mann, oft auch der Vater
Ring + Herr	feste Partnerschaft zum Herzensmann

Karte 30:
Die Lilie | Pik König

Allgemein:
Sexualität, Familie, Ausgeglichenheit, Familienmitglied

bezüglich
Liebe: reines sexuelles Verhältnis, aktive Sexualität in einer harmonischen Partnerschaft
Beruf: Arbeitsplatz in einem Familienbetrieb
Gesundheit: stabiler Gesundheitszustand

Einzelaussage:
Versuche die Unruhe in den Griff zu bekommen, gebe einfach mal nach, damit die Harmonie wieder hergestellt ist.

Charaktereigenschaften:
Ästhetik, Harmoniesüchtig, Sexualität, gefühlsbetont

äußeres Erscheinungsbild:
älterer Mensch, graue Haare, ruhige Bewegung und Haltung, Weiße im Geist

Bezug auf die Skatkarte:
Freund/Bekannter der Familie

Kombinationen zur Karte 30: die Lilien / Pik König

Reiter	gute Nachricht über die Familie / mehrere Verhältnisse, nur sexuell
Klee	sexuelles Glück / familiäres Glück
Schiff	sexuelle Phantasien / Reise mit verschiedenen sexuellen Partnern
Haus	Bordell / Familienwohnsitz, mehr als eine Generation im Haus
Baum	harmonische Phase / sexuelle Gesundheit
Wolken	Sexualleben wird besser / familiäre Probleme verflüchtigen Sich
Schlange	sexuelles Abenteuer mit einer Frau / Familienangehörige
Sarg	sexuell inaktiv / sexuelle Neigungen können nicht ausgelebt werden
Blumen	sexuelles Verhältnis zu einer jüngeren Frau
Sense	plötzliche unerwartete Sexualität / Vergewaltigung
Ruten	Diskusionen wegen der Sexualität / sexuelle Bedürfnisse werden nicht befriedigt
Eulen	sexuelle Beziehung zu zwei Personen / sexuelle Erlebnisse wurden bis jetzt nicht verarbeitet
Kind	Nachwuchs / keine sexuellen Erfahrungen
Fuchs	Lügen wegen sexuellen Verhältnissen / Lügen innerhalb der Familie

Bär	freundlicher Mann der nur Sex möchte / Sex innerhalb der Familie
Sterne	sexuelle Gedankenspiele / sexuelle Bindung mit echten Gefühlen
Storch	Veränderungen in der Sexualität / Änderung innerhalb der Familie
Hund	sexuelle Freundschaft / familiäre Freundschaft
Turm	Trennung von sexuellem Partner / Grenzen was den Sex angeht werden gesteckt
Park	Bordell / außergewöhnliche Sexualität / Orgien
Berg	Hemmungen in der Sexualität / keine Lust auf Sexualität / Verklemmtheit
Wege	Entscheidungen über die Sexualität werden getroffen
Mäuse	Erektionsstörungen / sexuell inaktiv / keine Sexualität
Herz	Beziehung mit befriedigender Sexualität / Beziehung ist harmonisch
Ring	befriedigende Sexualität in einer Beziehung / Ehe
Buch	Geheimnis über ein sexuelles Abenteuer / Geheimhaltung von sexuellen Aktivitäten
Brief	Nachricht von der Familie / sexuelle Beziehung, ohne Gefühl
Herr	Hauptperson strebt Harmonie an / sexuelle Phantasien möchten ausgelebt werden

Dame	Hauptperson strebt Harmonie an / sexuelle Phantasien möchten ausgelebt werden
Sonne	glückliche Sexualität / Geborgenheit und Energie bekommt man über die Sexualität
Mond	sehr viele sexuelle Erfahrungen / harmonische Erfahrungen
Schlüssel	Familie gibt Sicherheit / guter Sex
Fische	Geld von der Familie / seelische Verbundenheit zu einem sexuellen Partner
Anker	familiäres Betriebsklima / Arbeit im Sozialen Bereich
Kreuz	Familie ist sehr wichtig / Familienzusammenhalt

3er-Kombinationen zur Karte 30: die Lilie / Pik König
(als Beispiel nur einige Kombinationen)

Haus + Herr	Bordellbesuch
Hund + Herr	schwul sein, wenn es um einen männlichen Fragesteller handelt
Hund + Frau	lesbisch sein, wenn es um eine weibliche Fragestellerin handelt
Brief + Bär	sexuelle Beziehung ohne Gefühl zu einem älteren Mann
Fische + Ring	Geld von der Familie für eine Partnerschaft
Sonne + Ring	glückliche Sexualität in der Partnerschaft
Kreuz + Herr	Familienzusammenhalt ist wichtiger als der Partner

Karte 31:
Die Sonne | Karo As

Allgemein:
Glück, Kraft, Wärme, Energie, Kreativität – Leben

bezüglich
Liebe: Partnerschaft ist glücklich
Beruf: neue Chancen werden bald kommen
Gesundheit: Heilung kommt auf jedenfall

Einzelaussage:
eine schöne Zeit kommt auf dich zu, genieße Sie, nehme alles wie es kommt, es wird für Dich nicht schlecht sein, auch wenn Du das Gute fast nicht glauben kannst

Charaktereigenschaften:
sonniges Gemüt, energiegeladen, absoluter Lebenswille

äußeres Erscheinungsbild:
hellblondes Haar, hellblaue oder hellgrüne Augen, große stattliche Figur, skandinavisches Aussehen

Bezug auf die Skatkarte:
Selbständigkeit wird einen glücklichen Ausgang haben.

Kombinationen zur Karte 31: die Sonne / Karo As

Reiter	Nachricht die glücklich macht / mit viel Kraft und Energie der Sonne entgegen
Klee	Glück durch Kraft und Energie
Schiff	glückliche Reise / Reise die Erholung bringt
Haus	Geborgenheit im eigenen Zuhause / ein Haus indem man sich wohlfühlt
Baum	Energie fürs Leben / glückliche energetische Zeiten
Wolken	Kraftlosigkeit verschwindet / man erlangt ein neues Lebensgefühl
Schlange	Geborgenheit durch eine andere Frau / schöne Zeit mit einer Frau, die nicht die Partnerin ist
Sarg	Schwächung bevor neue Energie kommt
Blumen	erfreulicher Besuch / Drang etwas bald möglichst in Angriff zunehmen
Sense	plötzliche Energie / absolute Kraft in allen Dingen
Ruten	Kraftschöpfen aus einem Streit / Diskusionen bringen Energie
Eulen	Kummer löst sich auf / Energie kommt trotz Probleme
Kind	Kraft und Energie schöpft man von den Kindern / Freude für ein Kind
Fuchs	Scheinheiligkeit / Energie bildet man sich nur ein

Bär	Stabilität durch einen Mann / schöne Zeit, nicht mit dem Partner
Sterne	Erfolg wird kommen / innere Zufriedenheit
Storch	Veränderung durch Geborgenheit / man ist Stark genug um einige Veränderungen zu bewirken
Hund	Geborgenheit in einer Freundschaft / schöne Zeiten im Freundeskreis
Turm	man ist zwar alleine aber trotzdem glücklich / man speichert die Energie
Park	Energie schöpfen aus dem Bekanntenkreis / Dynamik kommt in den Bekanntenkreis
Berg	Energien werden blockiert / Freude wird nicht zum Ausdruck gebracht
Wege	unkonventionelle Entscheidungen werden getroffen / der richtige Weg bringt viel Kraft und Energie
Mäuse	Energie geht verloren / unerwarteter Verlust in Herzensdingen
Herz	Kraft und Energie aus der Liebe schöpfen / Verliebtheit
Ring	Energiegeladene Beziehung / Geborgenheit innerhalb der Partnerschaft
Buch	Zeit des Glückes liegt noch im geheimen / Wärme liegt noch im Verborgenen / Gefühle können nicht wirklich mitgeteilt werden
Brief	glückliche Nachricht / positive Nachricht, auch wenn Sie erst negativ scheint

Herr	Hauptperson erwartet eine schöne Zeit / starke Anziehungskraft besteht
Dame	Hauptperson erwartet eine schöne Zeit / starke Anziehungskraft besteht
Lilie	befriedigende Sexualität / Geborgenheit kommt von der Familie
Mond	Energie durch die Gedanken / etwas empfangen, von dem man noch nichts weiß
Schlüssel	sicheres Auftreten / Kraft und Energie bieten Sicherheit
Fische	Reichtum wird sich einstellen / höchste Geldkarte
Anker	großer Einsatz im Beruf / Verbundenheit zum Beruf
Kreuz	große Freude / positiver Ausgang einer Situation

3er-Kombinationen zur Karte 31: die Sonne / Karo As
(als Beispiel nur einige Kombinationen)

Fische + Reiter	Geld wird in großer Menge kommen
Lilie + Bär	Geborgenheit über die Eltern
Lilie + Dame	Energiegeladene Beziehung zu einer Frau, bei weiblicher Fragestellerin, Lesbe
Lilie + Herr	Energiegeladene Beziehung zu einem Mann, bei männlichem Fragesteller, Schwuler
Kreuz + Schlüssel	große Freude, die Sicherheit bringt
Haus + Schlange	Wohngemeinschaft in der man sich wohl fühlt

Karte 32:
Der Mond I Herz 8

Allgemein:
Seelenspiegel, seelische Bedürfnisse, Sensibilität, seelisches Glück

bezüglich
Liebe: Beziehung mit sehr viel Gefühl
Beruf: mit sehr viel Glück und Gefühl den Beruf ausüben
Gesundheit: psychische Erkranken können auftreten

Einzelaussage:
Versuche deine Launen in Griff zu kriegen, ziehe dich zurück und ordne deine Gefühle, schaue deinen Seelenspiegel an und Lebe danach

Charaktereigenschaften:
Intuition, Sensibilität

äußeres Erscheinungsbild
normale Größe, blau bis grüne Augen, helle Haare, gut proportionierter Körperbau, meist stark

Bezug auf die Skatkarte:
Intuitive Ereignisse werden kommen

Kombinationen zur Karte 32: der Mond / Herz 8

Reiter	Gedanken führen zu einem positiven Ergebnis / nicht zuviel nachdenken, es löst sich vieles von selbst
Klee	nachdenken bringt ein gutes Ergebnis / die Lösung steht genau vor einem, man muss nur zugreifen
Schiff	gedankliche Reise / unerfüllte Sehnsucht
Haus	Gedanken wegen der Wohnung
Baum	psychische Gesundheit / nervige Gedanken
Wolken	Spannungen nehmen zu / Probleme in Geldangelegenheiten / Kredite werden nur nach Problemen bewilligt
Schlange	Gedanken an eine andere Frau
Sarg	nachdenken ist fast nicht mehr möglich / depressive Phase / Depressionen
Blumen	Frau die mit den Nerven am Ende ist / störender Besuch
Sense	plötzliche psychische Probleme / unerwartete Wende bei Auseinadersetzungen
Ruten	Diskusionen die Nerven / Nachdenken über Streitigkeiten
Eulen	schwierige Phase wird einfacher wenn man darüber nachdenkt / sorgenvolle Gedanken
Kind	naive Gedanken / keine Lösung möglich, wenn man sich nicht anstrengt

Fuchs	Lügen was die Psyche angeht / Gedanken sind falsch
Bär	Gedanken an einen nicht real vorhandenen Mann / nachdenken ob man mit dem richtigen Mann zusammen ist
Sterne	kluges handeln / gut durchdachtes wird funktionieren
Storch	nachdenken führt zu der gewünschten Veränderung
Hund	Gedanken wegen eines Freundes / nachdenklicher Freundeskreis
Turm	Gedanken wegen einer Trennung / nachdenken, bevor man sich wirklich trennt
Park	tiefgehende Gedanken über das Umfeld / nervliche Gespanntheit im Bekanntenkreis
Berg	blockierte Gedanken / nervige Lebensphase
Wege	Gedanken über anstehende Entscheidungen / Überlegen bevor man einen Weg geht
Mäuse	gedanklicher Verlust / nervliche Belastung wird stärker
Herz	Gedanken machen in Herzensdingen / tiefgehende Liebe
Ring	sehr intensive Beziehung / Nachdenken über eine Beziehung
Buch	man darf über manche Gedanken nichts sprechen
Brief	Nachricht die zum nachdenken anregt / Nachricht die nervt
Herr	Hauptperson ist psychisch angeschlagen / Hauptperson ist nervös

Dame	Hauptperson ist psychisch angeschlagen / Hauptperson ist nervös
Lilie	nachdenken über eine sexuelle Beziehung / erfüllte Sexualität
Sonne	Ausgeglichenheit im Gefühlsleben / positive Gedanken machen
Schlüssel	Gedanken fördern das Selbstbewusstsein / zur Sicherheit sollte man es noch mal überdenken
Fische	Gedanken macht man sich ums Geld / nachdenken, ob die finanzielle Situation zu ändern ist
Anker	nerviger Arbeitsplatz / Gedanken über den Arbeitsplatz
Kreuz	die Lage wird sich entspannen / Gedanken sind notwendig

3er-Kombinationen zur Karte 32: der Mond / Herz 8
(als Beispiel nur einige Kombinationen)

Anker + Bär	Gedanken über den Arbeitsplatz und den Vorgesetzen machen
Sonne + Sense	positive Gedanken machen, die zu Streitigkeiten führen
Kind + Herr	naive Gedanken über den Herzensmann machen
Kind + Dame	naive Gedanken über die Herzensdame machen
Park + Hund	nervige Gespanntheit im Freundeskreis
Hund + Kind	nachdenklicher naiver Freundeskreis
Mäuse + Herr	gedanklicher Verlust des Herzensmannes
Mäuse + Dame	gedanklicher Verlust der Herzensdame

Karte 33:
Der Schlüssel | Karo 8

Allgemein:
Sicherheit mit Bestimmtheit,
Verborgenes wird sichtbar

bezüglich
Liebe: Gefühle und Beziehung sind sicher
Beruf: sicherer Arbeitsplatz
Gesundheit: Gesundheitszustand ist sicher stabil

Einzelaussage:
mit Sicherheit werden Ihre Vorhaben so funktionieren wie Sie geplant sind, ruhig mit ein bisschen mehr Optimismus an die Sachen herangehen

Charaktereigenschaften:
bestimmt, sicherheitsliebend, materiell

äußeres Erscheinungsbild:
kräftige muskulöse Figur, auffallendes Merkmal ist das Selbstbewusstsein und die Ausstrahlung.

Bezug auf die Skatkarte:
unerwartetes Ereignis das mit Sicherheit kommen wird.

Kombinationen zur Karte 33: der Schlüssel / Karo 8

Reiter	Sicherheit kommt durch eine gute Nachricht
Klee	guter Ausgang ist uns sicher / Sicherheit macht uns glücklich
Schiff	glückliche Reise mit Sicherheit / Sicherheit kommt auf einer Reise
Haus	Stabilität und Sicherheit ist vorhanden / Wohnung wird mit Sicherheit gekauft / Wohnung gibt Sicherheit
Baum	stabiler Gesundheitszustand / mit Sicherheit kommt Gesundheit
Wolken	Hilflosigkeit / Hoffnung das Sicherheit doch noch kommt
Schlange	eine andere Frau kommt mit Sicherheit / Probleme werden sich sicherlich lösen
Sarg	in der Situation wird einem die Sicherheit genommen / eine Situation macht sicherlich krank
Blumen	einen Besuch kann man mit Sicherheit nicht abwenden, er ist Pflicht
Sense	plötzliche Sicherheit / unerwartete Gefahr wird mit Sicherheit abgewendet
Ruten	Streitigkeiten kann man nicht ausweichen / Diskusionen über die Sicherheit
Eulen	Kummer und Sorgen kann man nicht vermeiden / Sorgen werden mit Sicherheit kommen

Kind	ein Neuanfang wird mit Sicherheit stattfinden / ein Kind bekommt Sicherheit
Fuchs	Lügen über die Sicherheit
Bär	Sicherheit kommt durch einen Mann / Sicherheit wird von einem Mann vermittelt
Sterne	Klärung wird mit Sicherheit kommen / klare Verhaltensweisen die Sicherheit geben
Storch	Veränderungen Sachen Sicherheit / Veränderungen werden kommen
Hund	ein Freund geht mit einem durch dick und dünn / der Freundeskreis gibt Sicherheit
Turm	Trennung kommt mit Sicherheit / Trennung steht schon an
Park	Bekanntenkreis gibt Sicherheit / stabiles sicheres Umfeld
Berg	Blockaden sind mit Sicherheit vorhanden / frustrierende Erfahrung wird mit Sicherheit gemacht
Wege	eine Entscheidung wird mit Sicherheit getroffen / mit Sicherheit den richtigen Weg eingeschlagen
Mäuse	Sicherheit geht verloren / Verlust von sicher geglaubten Gefühlen
Herz	Liebe kommt mit Sicherheit / Sicherheit in Herzensdingen ist vorhanden
Ring	Beziehung gibt Sicherheit / Sicherheit wird vertraglich festgelegt

Buch	Sicherheit ist noch zu erwarten / ein Geheimnis wird mit Sicherheit geheim gehalten
Brief	eine Nachricht bringt Sicherheit / eine erwartete Nachricht wird mit Sicherheit noch kommen
Herr	Hauptperson vermittelt Sicherheit / Hauptperson möchte Sicherheit
Dame	Hauptperson vermittelt Sicherheit / Hauptperson möchte Sicherheit
Lilie	sexuelle Sicherheit / Friede wird wieder hergestellt
Sonne	mit Sicherheit einen positiven Ausgang einer Situation
Mond	Sicherheitsbedürfnis ist sehr ausgeprägt
Fische	Geld kommt mit Sicherheit / Geld bringt Sicherheit
Anker	Sicherheit am Arbeitsplatz / einen Arbeitsplatz den man mit Sicherheit bekommt
Kreuz	Unternehmen mit sehr viel Risiko / Unsicherheiten werden kommen

3er-Kombinationen zur Karte 33: der Schlüssel / Karo 8
(als Beispiel nur einige Kombinationen)

Geld + Anker	sicheres Geld kommt über den Arbeitsplatz
Lilie + Kind	Friede wird wieder hergestellt, vor dem Neuanfang
Reiter + Klee	mit Sicherheit kommt eine absolut positive Nachricht, die glücklich macht

Karte 34:
Die Fische | Karo König

Allgemein:
Geld, materielle Werte, Besitz, finanzielle Absicherung

bezüglich
Liebe: Verbindung / Partnerschaft besteht wegen des Geldes
Beruf: lukrativer Beruf, sehr guter Lohn
Gesundheit: Alkoholismus

Einzelaussage:
Schauen sie nach Ihren Finanzen, wenn Sie so weiter machen wie bisher, drohen Geldverluste

Charaktereigenschaften:
sparsam, Geiz, materialistisch eingestellt

äußeres Erscheinungsbild:
selbstbewusster Gang und Haltung, legt sehr viel Wert auf sein Äußeres

Bezug auf die Skatkarte:
Freund/Bekannter/Verwandter möchte finanziell mitreden

Kombinationen zur Karte 34: die Fische / Karo König

Reiter	Geld wird kommen / Geld ist schon unterwegs
Klee	Spielsucht / Glück im Spiel / kurzzeitiger finanzieller Zugewinn
Schiff	Habgierig in Erbangelegenheiten / Geld wird einem zufließen
Haus	Geld kommt ins Haus / Miete wird sich erhöhen
Baum	regelmäßiges Einkommen / Geld ist ausreichend vorhanden
Wolken	finanzielle Situation ist undurchsichtig / Schwarzgeld / negative Angelegenheit in Sachen Geld
Schlange	Geld kommt über eine Frau / Frau ist wohlhabend / Geld kommt ins fließen
Sarg	Geld kommt ins stocken / echte Geldprobleme
Blumen	Geld wird einem geschenkt / Beziehung zu einer Frau, die nur platonisch vorhanden ist
Sense	plötzliches unerwartetes Geld / Vorsicht ist geboten bei Geldgeschäften
Ruten	Diskusionen um Geld / gespaltene Persönlichkeit
Eulen	Geld kommt in doppelter Menge / Geldprobleme
Kind	Armut / sehr wenig Geld haben
Fuchs	Lügen wenn es um Geld geht / Falschgeld / Schwarzgeld

Bär	ein Mann hat viel Geld / Stabilität kommt in Sachen Geld
Sterne	Gedanken ums Geld / es kommt viel Geld
Storch	Veränderungen in Geldangelegenheiten / Geld bringt Änderung in die persönliche Situation
Hund	Verbundenheit in Freundschaft / Freundeskreis ist reich
Turm	Geld wird im Ausland deponiert / Probleme mit dem Finanzamt
Park	wohlhabende, bessere Kreise / Besuch in der Spielbank
Berg	Geld ist blockiert / Geld das erwartet wird kommt nicht / Geldsorgen
Wege	Entscheidungen in Gelddingen stehen an
Mäuse	Verlust von Geld / Insolvenz-Konkurs
Herz	platonische Liebe / Geld wird aus Liebe gegeben
Ring	Beziehung wegen des Geldes / finanzielle Bindung an den Partner
Buch	Geld von dem niemand etwas weiß / Geld wird erst später kommen
Brief	Geldnachricht / erspartes Geld vom Sparbuch / einmalige Einnahmen
Herr	Hauptperson wird Geld bekommen / Hauptperson hat Alkoholprobleme
Dame	Hauptperson wird Geld bekommen / Hauptperson hat Alkoholprobleme

Lilie	Geld für sexuelle Dienste / Geld von der Familie	
Sonne	glücklich wegen des Geldes / höchste Geldkarte	
Mond	Anerkennung in Gelddingen / Gedanken ums Geld machen	
Schlüssel	Sicherheit kommt über das Geld / Wohlstand / auf finanzielle Sicherheit aus	
Anker	gut bezahlte Arbeit / Geld aus Selbständiger Arbeit	
Kreuz	Geldvermehrung durch Strategie / Belastungen hören auf	

3er-Kombinationen zur Karte 34: die Fische / Karo König
(als Beispiel nur einige Kombinationen)

Schlüssel + Bär	Wohlstand über einen älteren Mann
Wege + Sonne	Entscheidungen werden zum Glück führen
Sterne + Schlange	es kommt viel Geld über eine Frau
Reiter + Haus	finanzieller Zufluss für ein Eigenheim
Lilie + Dame	die Hauptperson bekommt regelmäßig Geld von der Familie
Herz + Ring	Liebe und Beziehung wegen des Geldes
Mäuse + Schlange	Verlust von Geld wegen einer Geliebten
Fuchs + Kind	Lügen weil man zu wenig Geld hat
Sterne + Storch	Gedanken führen zu Veränderungen in Geldangelegenheiten

Karte 35:
Der Anker | Pik 9

Allgemein:
Beruf, Schule, Studium, Ausbildung, oder festhalten was einem wichtig ist

bezüglich
Liebe: große Abhängigkeit, denn Partner nicht loslassen wollen, zwingend festhalten des Partners
Beruf: langfristige Absicherung ist über den Beruf möglich
Gesundheit: nach langer Krankheit beginnt ein neues Leben

Einzelaussage:
geben Sie vor allem beruflichen Einsatz, momentan tritt zwar die Familie zurück, es wird sich aber lohnen.

Charaktereigenschaften:
festhalten, klammern,

äußeres Erscheinungsbild:
hilfsbereit, lässt sich aber nicht unterkriegen, ist in der Körperhaltung sichtbar.

Bezug auf die Skatkarte:
mildert umliegende negative Karten ab

Kombinationen zur Karte 35: der Anker / Pik 9

Reiter	glückliche Fügung die den Beruf betreffen
Klee	richtige Stelle die Spaß bringt
Schiff	Reisetätigkeit / beruflich unterwegs sein / Außendienst
Haus	häuslicher Beruf / Arbeitsplatz ist sicher
Baum	Arbeitsplatz auf Lebzeit
Wolken	ängstliche, falsche Arbeit / Studium
Schlange	Kollegin die es nicht gut meint / durchmogeln durch die Arbeit
Sarg	Arbeitslosigkeit droht / Beruf macht depressiv / kein Interesse an der Arbeit
Blumen	nettes angenehmes Arbeiten / gutes Arbeitsklima
Sense	unerwartete Arbeit
Ruten	Streitigkeiten am Arbeitsplatz
Eulen	Tränen was den Beruf angeht / instabiler Beruf
Kind	Ausbildung / Fortbildung
Fuchs	Klatsch der den Beruf betrifft / Mobbing
Bär	älterer Vorgesetzter der einen unterstützt / Förderer
Sterne	traumhafter Beruf / Klarheit im Beruf
Storch	Veränderungen im Beruf

Hund	Freundschaften im Beruflichen Bereich / gute Einstellung zur Arbeit
Turm	selbständiger Beruf / Selbständigkeit
Park	Umgang mit Menschen
Berg	Unwohlsein was die Arbeit betrifft / schlechtes Betriebsklima
Wege	verschiedene Entscheidungen was die Arbeit betrifft
Mäuse	Verlust der Arbeit
Herz	herzliches Arbeitsverhältnis / gutes Betriebsklima
Ring	Arbeitsvertrag
Buch	Geheimnisse was die Arbeit betrifft
Brief	berufliche Nachricht / kurzfristige Arbeitsstelle
Herr	konventionelle Arbeit / ist abhängig von den umliegenden Karten
Dame	Beginn einer Abhängigkeit / Frau mit stabiler konservativer Einstellung
Lilie	Arbeit mit Familienangehörigen / Arbeit die Frieden bringt
Sonne	aus der Arbeit Kraft schöpfen / beruflich erfolgreich sein
Mond	Mobbing am Arbeitsplatz / Streitigkeiten am Arbeitsplatz
Schlüssel	Sicherheit am Arbeitsplatz
Fische	guter Verdienst / Geldgewinn im beruflichen Bereich
Kreuz	Pflichten lassen sich auf Arbeit teilen / Arbeit wird weniger

Karte 36:
Das Kreuz | Kreuz 6

Allgemein:
Schicksal, Karma, Auflösung, Erlösung

als Zeitangabe:
2 - 3 Wochen

bezüglich
Liebe: karimsche Verbindung,
Beruf: zusätzliche Arbeitstunden,
Gesundheit: kurze leichte Krankheit,

Einzelaussage:
Nehmen Sie Hilfe aus der Umgebung an, Sie ist gut gemeint. Niemand will Dir wirklich böses, entspanne ein bisschen.

Charaktereigenschaften:
religiös, gläubig, idealistisch

äußeres Erscheinungsbild:
sehr schlanker Mensch mit meist braunen Augen, auch oft anfangs vorsichtig, zurückweisend und schüchtern.

Bezug auf die Skatkarte:
karmische Verbindung egal in welchem Bereich löst sich zum negativen auf.

Kombinationen zur Karte 36: das Kreuz / Kreuz 6

Reiter	gute Nachricht, die trotzdem belastend wirkt / Unternehmungen machen glücklich
Klee	kurzzeitige Belastungen im Leben / großes Glück wird kommen
Schiff	Reise die man auf jedenfall tun sollte / Reise die Schicksal ist
Haus	man baut eine Bindung auf zu einem Haus / Haus das belastet ist
Baum	belastete Gesundheit / gesundheitliche Situation wird besser
Wolken	seelische Belastungen werden zunehmen / Sorgen werde erst nach langer Zeit aufhören
Schlange	Kummer wird größer als man damit rechnet / Schwierigkeiten werden größer
Sarg	Veränderungen im Krankheitsverlauf / Karma löst sich / seelische Veränderungen
Blumen	eine wichtige Frau wird in dein Leben treten / Freude geht unerwartet zu Ende
Sense	gefährliche Situation wird sich zum guten Wenden / karmische Gefahr, wo man durch muss
Ruten	Diskusionen werden in Streitigkeiten ändern / Gespräche die unser Schicksal betreffen
Eulen	Unentschlossenheit wird sich klären / Kummer klärt sich

Kind	Neuanfang wird auf jedenfalls kommen / belastetes Kind, mit Schwierigkeiten im Umgang	
Fuchs	schicksalhafte Falschheit, man soll die Wahrheit nicht erfahren / man wird hintergangen	
Bär	eine wichtige Beziehung wird, zu einem anderen Mann als der Partner, geführt	
Sterne	Klarheit wir in Kürze aufkommen / Klärung in Kürze	
Storch	Veränderungen die Schicksal sind / karmische Verbindung	
Hund	Freundeskreis ist absolut wichtig / Freundschaft die vom Schicksal bestimmt ist	
Turm	Trennung wird kommen / Trennung innerhalb der nächsten 4 Wochen	
Park	viele neue Bekanntschaften / mehr Kontakt im direkten Umfeld	
Berg	Blockade die vom Schicksal bestimmt ist / Frustrationen nehmen zu	
Wege	Entscheidungen werden kurzfristig getroffen / Geschehnisse passieren innerhalb 6 Wochen	
Mäuse	bedeutender Verlust / totaler Verlust (kein Tod)	
Herz	Liebe ist vom Schicksal bestimmt / Liebe wird ins unermessliche wachsen	
Ring	karmische Beziehung mit sehr vielen Problemen / Beziehung die sehr wichtig ist	

Buch	Geheimniskrämereien in die man immer tiefer sinkt / Geheimnis das vom Schicksal bestimmt ist
Brief	Brief der schicksalhaft ist / sehr wichtige persönliche Nachricht
Herr	Hauptperson hat wichtigen Einfluss / Hauptperson ist vom Schicksal bestimmt
Dame	Hauptperson hat wichtigen Einfluss / Hauptperson ist vom Schicksal bestimmt
Lilie	harmonische Atmosphäre in einem sexuellem Verhältnis / harmonisches Familienleben
Sonne	Kraft und Energie wird kommen / alles wird in Ihrem Leben gelingen
Mond	intuitive -mediale Gabe / sensitive Nerven
Schlüssel	Sicherheit der Existenz durch Bestimmung
Fische	Geld wird Dir zugeführt, unerwartet / seelische Verbindung zu einer anderen Person (umliegende Karten)
Anker	Beruf ist vom Schicksal bestimmt / Beruf wird anstrengender

3er-Kombinationen zur Karte 36: das Kreuz / Kreuz 6
(als Beispiel nur einige Kombinationen)

Anker + Fische	Beruf der bestimmt ist, bringt ausreichend Geld
Lilie + Kind	harmonisches Familienleben mit einem Kind
Haus + Schiff	trotz Bindung zum Haus muss man umziehen

Tipps zum Kartenlegen

Bevor Sie beginnen mit dem Kartenlegen, suchen Sie sich einen ruhigen Platz, wo niemand Sie stört. Hören Sie nicht auf Ihre Umwelt, die alle ja eh der Meinung sind, dass das ganze nicht funktioniert. Aber nach einiger Zeit erscheinen alle bei einer Kartenlegerin. Denn man glaubt es zwar nicht, aber wissen möchte man trotzdem alles.
Wenn Sie selbst Kartenlegen und Sie haben sich an ein System gewöhnt. D.h. Sie bevorzugen ein System, dann bleiben Sie dabei, zumindest solange bis Sie das Gefühl haben Sie kommen mit den Karten zurecht.
Wenn Sie kein bevorzugtes System haben, lesen Sie die Karten einfach der Reihe nach, am besten von links nach rechts als Reihenkombination.

Das Mischen und Auslegen

Man unterscheidet auch beim Mischen, ob eine Frage gestellt wird oder ob das große oder kleine Blatt gelegt wird.
Beim großen und kleinen Blatt sollen die Karten gut durchgemischt werden. Wenn Du das Gefühl hast genug gemischt zu haben, dann kannst Du die Karten auslegen. Einfach der Reihe nach vom Stapel, eine neben die andere.
Bei Einzel Fragen oder sonstigen Legesystemen, sollen die Karten wie bei der anderen auch gründlich gemischt werden, aber dann legt man die Karten im Fächer auf den Tisch. Dann wird jede einzelne Karte aus dem Fächer gezogen und an Ihren Platz gelegt.

Signifikator – Was ist das?

Wenn wir auf etwas Bestimmtes legen, legen wir meist die Dame oder der Herr heraus. Einfach weil wir immer auf eine Person legen. Als Signifikator, d.h. als Bezugskarte, kann man auch andere Karten nehmen, wenn man eine genaue Fragestellung möchte.

Zum Beispiel: für die Arbeit   der Anker
                    Sexualität   die Lilie
                    das Geld   die Fische

Die Zeit im Kartensystem

Die Zeit ist nicht leicht zu lesen in den Karten. Ganz genaue Zeitangaben sind nicht möglich. Es wird versucht nach irdischen Gesichtspunkten zu definieren. Was bei einigen Karten gar nicht möglich ist.
Zeiten hängen von vielen Faktoren ab.

Legung mit	**2 Karten**	Sofortaussage, Ist-Jetzt-Zustand
	3-5 Karten	Sofortaussage unmittelbar
	5 – 7 Reihe	beginnend jetzt und immer mit Jahresbegrenzung
	Keltisches Kreuz	kann man beim mischen mit Angeben, halbes bis 2 Jahre möglich
	das kleine Blatt	Begrenzung müssen gemacht werden, sonst können die Situationen evtl. auch erst in 10 Jahren eintreten
	das große Blatt	Lebenslegung, sinnvoll auf 2 – 5 Jahre zu begrenzen, beim mischen, sonst Aussagen bis ins Ultimo vorhanden

Richtige Fragestellung beachten

Eine Frage sollte kurz und präzise sein, aber trotzdem genau gestellt sein. Sie sollte mit 2 – 5 Karten zu beantworten.

Bsp.: Was empfindet der andere für mich?
      Liebt er, Name, mich?

Vorwissen: Dame hat ein Verhältnis und einen Ehemann
     Frage: Wird der andere zu mir stehen und mich heiraten, wenn ich mich von meinem Ehemann trenne, oder lässt er mich dann fallen?
         Antwort so nicht möglich.
            1. Frau denkt dabei an beide Männer – man sieht nicht genau wer der Herzensmann ist
            2. Bejahung und Verneinung und Fiktion in einem
         Es sollten mindestens 3 Fragen daraus gemacht werden.

Die Legesysteme im einzelnen

Die Legesysteme die hier aufgeführt sind, sind alle auf Unterschiedliche Fragen bezogen. Wenn es kein Gesamtüberblick sein soll, sondern nur einen bestimmten Bereich eures Lebens oder sogar nur eine bestimmte Frage, dann solltet Ihr euch die Legesysteme anschauen und das passende, bei dem Du das Gefühl hast es ist das passende, legen.

Alle Legesysteme beginnen damit, dass man die Karten mischt. Es gibt viele Methoden, einige sagen mit Links, andere meinen man müsse sieben mal mischen. Ich vertrete die Meinung es ist egal wie Ihr mischt, wichtig ist dabei, das Ihr Ruhe habt und das Ihr an eure Frage denkt bzw. beim Gesamtbild, das Ihr an nichts denkt.

Die Legesysteme lassen sich in verschiedene Gruppen einteilen:

1. allgemeine- die immer dazu dienen einen Allgemeinen Überblick zu bekommen

2. auf einen bestimmten zeitlichen Abstand , die dazu dienen auf einen bestimmten Tag, Woche oder Jahr zu schauen

3. welche die für alle Bereiche verwendet werden können , die einzelne Fragen in den Bereichen Liebe, Beruf, Gesundheit oder Finanzen beantworten

4. welche die Beziehung betreffen, die dazu dienen die Beziehung zu durchleuchten

5. welche die den Beruf betreffen, die dazu dienen den beruflichen Weg zu zeigen

Die gezeigten Legesysteme sind im Kartenbild nur Beispiele, Sie sollten mit den Kartendeutungen und Kombinationen, Ihre eigenen Kartenbilder deuten.

Legesystem Nr. 1
Gesamtbild

Im Gesamtbild kann man immer sämtliche Situationen der Gegenwart und der Zukunft sehen, aber nur allgemein gehalten. Man sollte es höchstens alle 3 Monate legen und ist am besten geeignet wenn man möglichst viel über die Zukunft erfahren möchte. Die Vorraussagen können für die nächsten 2 – 5 Jahre getroffen werden. Es sollte aufgeschrieben werden, was man voraussieht, damit man es immer wieder anhand der realen Entwicklung überprüfen kann.

Nach dem mischen legen wir das Kartenbild oben links beginnend auf, von Nummer 1 bis Nummer 36.
Es gibt 2 Möglichkeiten diese Kartenbild zu deuten.

Möglichkeit 1, man geht einfach von oben links bis unter rechts sämtliche Karten durch, und nimmt auch die Deutungen so.

Möglichkeit 2, man geht von den 5 wichtigsten Karten aus.
der Herr für den Herzensmann oder für den Fragesteller
die Dame für die Herzdame oder für die Fragestellerin
der Anker für den Beruf
die Fische für die Finanzen
der Baum für die Gesundheit

Deutung am Beispiel:
Vorraussetzungen:
die Fragestellerin ist eine 40 Jährige Frau, die laut eigener Aussage in einer Intakten Partnerschaft lebt.

Möglichkeit 1: Karte 1: in deinem Umfeld denkt jeder nur an sich selbst
Karte 2: Schwierigkeiten mit einer Frau
Karte 3: Freundin die es nicht gut mit einem meint
usw.

Fazit: Schwierigkeiten mit einer Freundin, die nur an sich selbst denkt.

Möglichkeit 2: die Fische:
Karte 17 zu 18: Geld wird einem geschenkt
Karte 17 zu 25: der Herzensmann wird Geld bekommen
Karte 17 zu 9: Veränderungen in Geldangelegenheiten
Karte 17 zu 10: Geld ist schon unterwegs
Karte 17 zu 26: Geld ist ausreichend vorhanden

Fazit: der Herzensmann wird in kürze Geld bekommen, wobei dann ausreichend Geld vorhanden sein wird.

Dies sind nur ein paar Beispiele, wie man das Gesamtbild deuten kann, natürlich gibt es anhand des Beispieles noch unheimlich viele Deutungen, die man herauslesen kann.

Legesystem Nr. 2
Das kleine Gesamtbild

Diese Legung verwendet man dann, wenn man nur einen Bereich im Leben anschauen möchte. Detailliert auf die nächsten 6 – 12 Monate.

Vor dem mischen sucht man sich die mittlere Karte – die Bezugskarte heraus.
Dann mischt man, legt den Fächer und zieht 14 Karten.
Es wird von Karte 1 – Karte 14 aufgelegt.

Bezugskarten sind:

Fragesteller/in   die Dame oder der Herr
Partnerschaft   der Ring
Beruf   der Anker
Gesundheit   der Baum
Finanzen   die Fische

Deutungen anhand des Beispiels:

Bezugskarte zu
Karte 8 und 9: bei Gedanken ums Geld geht es um persönliche
              Veränderungen

Karte 7 und 6: Hauptperson bekommt aus Liebe Geld

Karte 1 – 5:   in einer Beziehung geht es um Geld das kommen wird,
              wahrscheinlich aus dem Ausland

Karte 10 – 14: Geld kommt einmalig über die Hauptperson mit Sicherheit

Fazit: Hauptperson wird Geld bekommen, über das Sie sich Gedanken macht und das auch in Ihrer persönlichen Situation Veränderungen bringt. Profitieren tut davon der Partner.

Wenn man nun genaueres wissen möchte, zum Beispiel, was für Veränderungen kommen, ziehe ich noch weitere Karten und lege Sie auf die Karte 9.
So kann ich mit jeder weiteren offenen Frage vorgehen, wenn es ums Geld geht.

Legesystem Nr.3
Allgemeiner Überblick

6
dieser Ratschlag
wird mir gegeben

3
das begegnet
mir in der Liebe

2
das begegnet mir
bei meiner Arbeit

1
die allgemeine
Situation

4
mein
Gesundheitszustand

5
meine
finanzielle Situation

Der Allgemeine Überblick zeigt uns den Gegenwartszustand. Ich kann Ihn ohne Probleme einmal die Woche legen, nur ist es natürlich in so einem knappen Zeitraum möglich, dass keine Veränderungen eintreten.

Deutung anhand des Beispieles:

Karte 1: Bringen Sie etwas zu Ende, die momentane Situation ist ungesund
Karte 2: Beförderung
Karte 3: eine Partnerschaft, die noch wachsen muss
Karte 4: Ansteckungsgefahr
Karte 5: Geld wird nicht auf Dauer vorhanden sein
Karte 6: positiv in die Zukunft schauen, viel nachdenken bringt positives

Legesystem Nr. 4
Persönlicher Überblick

4
die Wünsche bezüglich der Thematik

7 - 10
der geplante oder gebotene Weg zum Erreichen des Ziels

2
dies ist bewusst

5
realistische Möglichkeit, die erreicht werden könnte

1
momentane Situation

3
dies ist unbewusst

6
Ziel das erreicht werden möchte, auf das hingearbeitet wird

Der Persönliche Überblick ist dafür da, in einer gezielten Situation, einen Weg vorgezeigt zu bekommen, wie man ans Ziel gelangt. Das System zeigt gleichzeitig Wünsche und Realität auf und führt zum Ziel.

Deutung anhand des Beispiels:

Voraussetzungen: es geht um die Liebesbeziehung einer 30jährigen Frau, die momentan zwar glücklich ist, aber befürchtet dass der Partner geht

Karte 1:   positiver Ausgang
Karte 2:   Situation ist ungesund
Karte 3:   kurzzeitiges Glück
Karte 4:   karmische Verbindung
Karte 5:   den Partner nicht loslassen wollen
Karte 6:   feste Verbindung auf ewig
Karte 7 – 10:   es müssen Anstrengungen unternommen werden, es besteht aber die Gefahr durch zu viele neue Unternehmungen die Beziehung zu gefährden. Bei ein bisschen Vorsicht wird eine vollkommene Beziehung daraus.

Legesystem 5:
Tageskarte

die Tageskarte ist dafür da einen allgemeinen Tagesüberblick zu erhalten, man zieht Sie normalerweise täglich morgens um zu sehen, wie der Tag ablaufen wird.

Deutung anhand des Beispiels:
Auch wenn es zurzeit alles andere als gut aussieht, mit genügend Vorsicht werden Sie es schaffen. Gefahren sind ernst zunehmen aber doch nicht unausweichlich.

Legesystem 6:
3er-Karten Reihe

Die 3er-Karten-Reihe ist für die Vergangenheit – Gegenwart – Zukunft
Zu einer ganz gezielten Frage

Deutung anhand des Beispiels:
Frage: Ist mein Partner mir treu?
Karte 1:   mit Sicherheit in der Vergangenheit
Karte 2:   eine Nachricht dass er nur sie liebt
Karte 3:   Bund fürs Leben, keine andere Frau für ihn

Legesystem 7:
Der Siebenerweg

Der Siebenerweg ist ein Legesystem zum schauen wie der Verlauf einer
Situation sein soll, damit die gewünschte Ausgangsituation herauskommt.
Man zieht erst die Karte 1: Karte für den Jetzt-Zustand, die Ausgangsituation.
Dann die Karte 2: Karte für das Ergebnis, das man haben möchte. Und dann
die 5 Karten zwischen drin, die Karten für den Verlauf. Gedeutet werden die
Karten erst im Einzelnen und danach im Zusammenhang.

Deutung anhand des Beispiels:
Frage: Wie schaffe ich es meine Beziehung, die fast vor dem aus steht zu einer guten Beziehung zu machen?

Karte 1:   es besteht die Gefahr des Verlustes der Beziehung
Karte 2:   Versuche dein eigenes Ich zu finden
Karte 3:   große Veränderungen
Karte 4:   Wendepunkt, neues Glück winkt
Karte 5:   stellt eine Gefahr da
Karte 6:   neue Unternehmungen
Karte 7:   eine vollkommene Beziehung

Deutung im Zusammenhang:
Du wirst eine gedankliche Reise tun und dabei auf eine andere Sichtweise kommen als Du Sie momentan hast. Du wirst Veränderungen an Dir selbst vornehmen, wobei Du aufpassen solltest, dass Du dabei nicht übertreibst. Es wird in der Partnerschaft Streitigkeiten geben, die aber eine positive Wende in der Partnerschaft sein werden. Sie werden gemeinsame Unternehmungen haben, die schöne Erlebnisse mit sich bringen und eine positive vollkommene Partnerschaft.

Fazit:
Mit nur ein bisschen Gedankenarbeit, kann man aus einer negativen Beziehung eine positive machen.

Legesystem Nr. 8
Keltisches Kreuz

10
Ergebnis

3
was geht mir
im Kopf herum?

9
Hoffnungen
oder Ängste

5
kurz
zurückliegende
Ereignisse

2
Einfluss

1
Situation

6
was
kommt als
nächstes?

8
mein
Umfeld

4
frühere
Situation

7
Einstellung
zum Thema

Das Keltische Kreuz ist eine alte und beliebte Legetechnik, weil man damit auch etwas hinterfragen kann. Weil man durch auflegen weiterer Karten tiefgehender ein Problem betrachten kann.
Es gibt hier zwei Möglichkeiten, entweder nehme ich mir eine Situation heraus und schaue darauf, oder ich nehme mir einen Bereich und lege den Signifikator heraus.
Entsprechen der Nummerierung oben fange ich an meine Karten aufzulegen, nach dem mischen.
Das System ist in Häuser eingeteilt. Das Haus bedeutet die Situation, und die Karte die darauf liegt, wie damit umgegangen wird.
Wenn man mit dem Signifikator legt, muss man den als erstes herauslegen, wenn nicht einfach eine Karte ziehen. Und dann legt die Karte 2 daneben.
Hier die Häuser:
1. Was hat das Problem ausgelöst
2. Was noch auf mich zukommt
3. Was für Gedanken habe ich
4. Was trete ich mit den Füßen
5. was für Bezüge hat es in der Vergangenheit
6. Was macht die Zukunft
7. Worauf kann ich bauen
8. So sieht es mein Umfeld
9. Das ist meine Hoffnung
10. Das werde ich erreichen.

Wenn man mit dem Keltischen Kreuz arbeiten möchte muss man oben genannte 10 Punkte auswendig können. Damit man erläutern kann, was die Karten zu Ihrem Haus aussagen.

Wenn Du mehr wissen möchtest schaue Dir immer eine Kartengruppe an und schaue nach den Verbindungen.

1. die Zeitkarten	5,2,6,8
2. Kläre für dich selbst, was Dich beschäftigt	3,9
3. Was solltest Du ausbessern	4,7
4. Was habe ich zu akzeptieren	4,6,9
5. Mache Dir Gedanken darüber	3,6,7
6. hier kannst Du deine Energien einsetzen	7,8,9,10

Deutungen anhand des Beispieles:

Karte 1:   Situation – Was hat das Problem ausgelöst
            Eine Situation scheint positiver zu sein als Sie wirklich ist
Karte 2:   Einfluss – Was noch auf mich zukommt – Zeitkarte
            eine falsche Frau, die Freundin sein möchte
Karte 3:   Was geht mir Ihm Kopf herum – Kläre für dich selbst was Dich
            beschäftigt – Gedanken darüber machen
            Stabilität – Rückhalt durch das Elternhaus

So sollte man alle Karten deuten und dann eine Zusammenfassung von der Situation, durch betrachten aller Karten

Legesystem 9: Kleines Kreuz

3
dieser Weg
ist richtig

1
das Thema
darum geht es

2
dieser Weg sollte
gemieden werden

4
dahin führt es

Das kleine Kreuz ist als Legesystem dafür gedacht einzelne Fragen zu beantworten.

Deutung anhand des Beispieles:
Vorraussetzung: Es geht um den Beruf

Karte 1: Voraussetzungen sind gestellt, nur der Weg nach oben ist schwer

Karte 2: Unterstützung einer jungen Frau

Karte 3: schnelles handeln, erforderlich

Karte 4:Erkenntnisse kommen

Fazit: Vorrausetzungen für einen Aufstieg sind gestellt, wenn man schnell handelt kommen einem die Erkenntnisse, nur auf Unterstützung einer jungen Frau sollte man verzichten

Legesystem Nr. 10
Problembewältigung

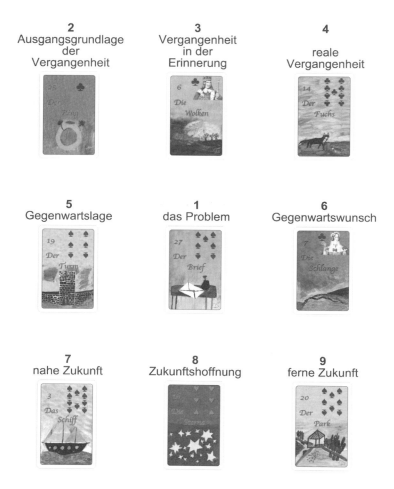

Die Problembewältigung zeigt im Legesystem das komplexe Problem auf, wie es in der Gegenwart, in der Vergangenheit und wie es in der Zukunft aussieht.

Legesystem Nr.11
Problementscheidungsspiel

5
das spricht
dafür

1
das spricht
dafür

3
das spricht
dafür

7
das Problem

4
das spricht
dagegen

2
das spricht
dagegen

6
das spricht
dagegen

Das Problementscheidungspiel ist dafür gedacht, das für und wieder eines Problems abzuschätzen. Es zeigt was gegen das Problem und was für das Problem spricht.

Legesystem Nr. 12
Entscheidungsspiel

3
wenn ich
es tue,
geschieht
erst dies

1

danach
dies

5
dahin
führt es,
wenn ich
es tue

7
was ist das
Problem?
wie stehe ich
dazu?

4
wenn ich es
nicht tue,
geschieht
erst dies

2

danach
dies

6
dahin
führt es,
wenn ich
es nicht tue

Das Entscheidungsspiel ist dafür gedacht, indem zu einem aktuellen Problem zwei Möglichkeiten aufgezeigt werden. Und dies einmal was passiert wenn ich etwas tue und einmal was passiert wenn ich etwas nicht tue.

Legesystem Nr. 13
Allgemeine Wochenlegung

Die allgemeine Wochenlegung wird dafür verwendet um eine Gesamtübersicht über die kommende Woche zu bekommen. Man betrachtet die Karten erst im Einzelnen und dann im Zusammenhang. Aber nicht auf einen Tag hin, sondern nur die gesamte Woche betrachten.

Legesystem Nr. 14
Wochentagslegung

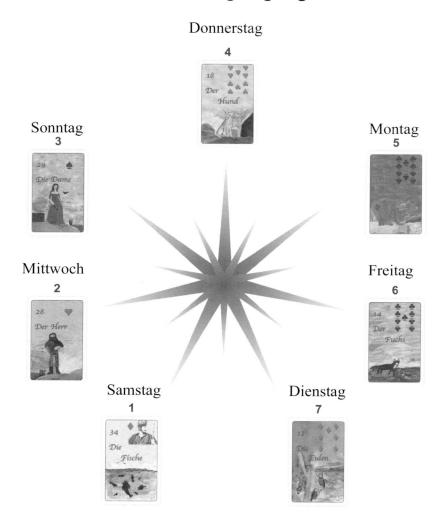

Die Wochentagslegung wird dafür verwendet, dass jeder einzelne Tag mit einer Karte betrachtet wird. Es wird hier nicht die gesamte Woche im Zusammenhang gesehen, sondern nur die einzelnen Wochentage.

Legesystem Nr. 15: Jahreslegung

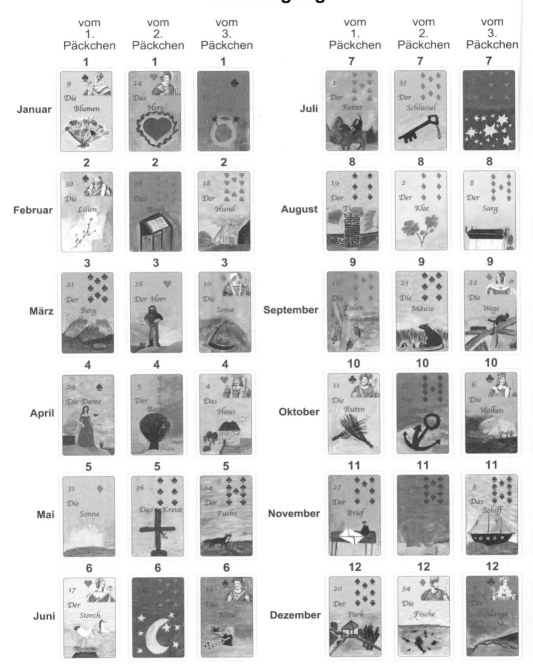

Die Jahreslegung ist für das gesamte Jahr von dem nächsten Monat an, am besten ist Sie zu legen im Dezember für das kommende Jahr.

Sie teilen die 36 Karten des Spiels auf in 3 Päckchen zu je 12 Karten. Diese Päckchen mischen Sie einzeln und legen dann die Karten auf.
Nun werden für jeden Monat die Karten gedeutet, erst jede einzelne der 3 Karten und dann die 3 Karten im Zusammenhang.

Legesystem Nr. 16:
Das Geheimnis

4
an Einfluss
gewinnende Kraft

3
gegenwärtiger
Haupteinfluss

5
an Einfluss
verlierende Kraft

6
was im
Dunkeln ist

1
1. Hauptimpuls

2
2. Hauptimpuls

7
was klar
erkannt wird

9
die tiefen
Beweggründe

8
was als
nächstes kommt

Das Geheimnis nimmt man dazu, um in eine Situation Licht zu bringen. Man sollte konkret Fragen stellen, zu einer Situation die unklar ist.

Legesystem 17:
Beziehungsspiel

Der Fragende:

7
wie schätze
ich
die
Beziehung
ein?

Der Partner:

2
wie schätzt
mein Partner
die
Beziehung
ein?

6
was
fühle
ich?

1
Hauptthema
in unserer
Beziehung

3
was
fühlt
mein Partner?

5
wie gebe ich
mich nach
außen?

4
wie gibt sich
mein Partner
nach außen?

Mit dem Beziehungsspiel kann ich sehen wie ich die Beziehung sehe, und wie mein Partner unsere Beziehung sieht. Ich nehme hier jede Karte im Einzelnen, und dann jeweils die 3 Karten von mir im Zusammenhang und die 3 Karten meines Partners im Zusammenhang.

Legesystem Nr. 18:
der Werdegang

in der Vergangenheit:

2 bewusste Einstellung

3 emotionale Einstellung

1 Ausgangssituation

4 äußeres Verhalten

Empfehlung für die Zukunft:

5 bewusste Einstellung

6 emotionale Einstellung

7 äußeres Verhalten

Der Werdegang bestimmt eine Situation in der Vergangenheit. Zeigt mir wie ich mit dieser Situation in der Zukunft umgehen sollte. Dieses System hilft mir im alltäglichen Leben, mit alltäglichen Situationen umgehen.

Legesystem Nr. 19: Partnerschaftsanalyse

5
wohin geht die
Partnerschaft?
zukünftiges

10
was erwartet
mein Partner?

11
was befürchtet
mein Partner?

6
was erwarte
ich?

7
was befürchte
ich?

2
ich selbst in
der Partnerschaft

1
Situation in
der Partnerschaft

3
mein Partner in
der Partnerschaft

8
was gebe
ich?

Dieses Legesystem zeigt auf
wie die Partnerschaft aussieht.

9
was gebe
ich zu wenig?

12
was gibt
mein Partner?

13
was gibt mein
Partner zu wenig?

4
woher komt
die Partnerschaft?

Legesystem Nr.20:
Partnerentscheidung

1
was hält
mich am
alten Partner?

2
was zieht
mich zum
neuen Partner?

3
was soll
ich machen?

4
wie soll ich
es machen?

5
was bringt
es mir?

Mit diesem Legesystem
kann ich zwischen
zwei Partnern unterscheiden,
welche der bessere
für mich wäre.

Legesystem Nr. 21:
Momentanzustand der Beziehung

Der Momentanzustand meiner Beziehung oder einer Beziehung die kommen wird kann ich mit diesem Legesystem betrachten

Legesystem Nr. 22:
Berufslegung

8
kann ich meine Träume
verwirklichen?
wie geht es weiter?

6
was geschieht demnächst
beruflich?

7
was wird es
mir bringen?

3
meine bewussten
Wunschgedanken

1
Mein Beruf

2
Hindernisse

5
was fühle ich
bewusst?

4
wie sieht die
Realität aus?

Wie sieht es bei mir in der Zukunft beruflich aus, soll oder muss ich was verändern. Diese und alle weiteren beruflichen Fragen kann ich mir mit diesem Legesystem beantworten.

Legesystem Nr. 23:
Richtungsweiser

13 - 9 - 5
Entscheidung
wie du den Weg ändern kannst

4 - 8 - 12
was die Zukunft bringt

2 - 1 - 3
gegenwärtige Lebenslage

14 - 10 - 6
Wirkung aus der Vergangenheit

7 - 11 - 15
was du nicht steuern kannst

Dieses Legesystem ist sehr gut dafür zu verwenden, wenn Du in der gegenwärtigen Situation nicht weißt wie Du Dich verhalten sollst. Was für Probleme auf Dich zu kommen können und was Du tun kannst, das etwas anders läuft.

Legesystem Nr. 24:
Der Gefühlszustand

1
womit beschäftige
ich mich innerlich?
was geht in
meinem Inneren vor?

2
wie empfänglich
bin ich?
wofür bin ich offen?

3
was zeige ich?
was gebe ich
nach außen?

4
wie kann ich das
Problem bewältigen?
möglicher Ausgang

Dieses Legesystem zeigt Dir auf, wie Deine Gefühle zu einer Person oder zu einer Situation aussehen.

Gesundheitsbereich

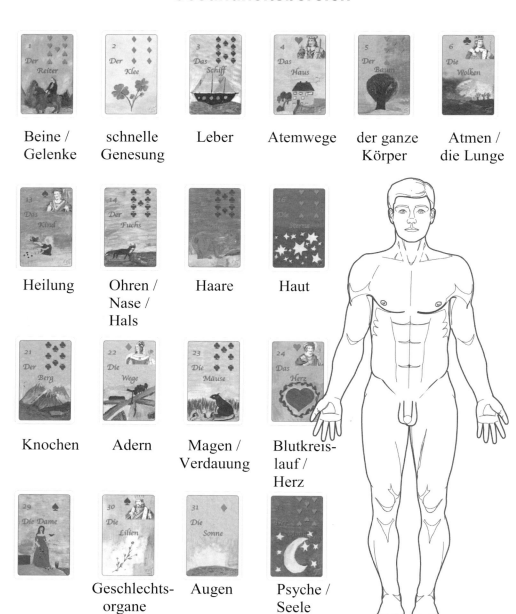

					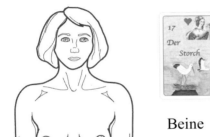
Darm	Seele / Geist	Krankes aussehen	Zähne	Muskulatur	Nerven

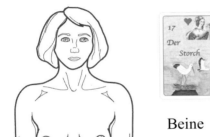

Beine	Stimmbänder	Wirbelsäule	Behinderung

Kreislauf	Kopf / Gehirn	Haare	

Eisenhaushalt	Blase / Nieren	Hüften	Rücken

Gesundheitskombinationen
zu den einzelnen Karten

Karte 1: der Reiter
Sense	Sehnenzerrung
Bär	Schwierigkeiten beim laufen
Sonne	außergewöhnlich viel schwitzen, Hormonelle Probleme

Karte 3: das Schiff
Sarg	Schlecht sein vom Magen her, Reiseübelkeit
Berg + Sense	Diabetes

Karte 4: das Haus
Wolke	Schwäche des Körpers
Wolke + Kreuz	Gelbsucht
Bär	schwer Übergewichtig
Mäuse	Krankheit wird noch kommen
Fische	Gallenblase
Ruten + Kreuz	seelische Belastung

Karte 5: der Baum

Wolken	Krankheit geht vorbei
Sarg	Psychische Krankheit, abwendbar
Blumen	Geschwülste, Myome, Geschwüre, Verwachsungen, Knoten meist gutartig
Eulen	Kreislaufprobleme
Bär	langes Leben
Störche + Sense	Kaiserschnitt
Störche + Kind	Schwangerschaft
Störche + Fuchs	Fehlgeburt
Störche + Mäuse	unfruchtbar
Mäuse	körperliche Krankheit, nicht psychisch
Sonne	Gesundheit, nicht krank sein
Sonne + Kind	normale Geburt
Mond	Depressiv
Haus	absolut gesunder Körper
Fische + Schiff	Wasser in den Beinen

Karte 6: die Wolken

Sarg	Krankheit dauert lange
Sense + Ruten	Unfallgefahr
Sense + Kind	Abtreibung auf Wunsch
Sarg	Krankheit dauert an
Sarg + Reiter	Fußgelenkprobleme, auch Bruch möglich
Mäuse	schwere körperlich Krankheit
Lilie + Sarg	Unklarheiten im Unterleib
Mond	sehr depressiv
Mond + Sarg	Geisteskrank
Kreuz + Sense	Gefahr der Krebserkrankung
Kreuz + Fuchs	falsche Gefahr der Krebserkrankung
Kreuz + Fuchs	Krebsbefund positiv, gutartig
Kind + Baum	Alzheimer
Fuchs	Hals-, Mandel- und Atemerkrankung
Lilie + Sense	Operation

Karte 7: die Schlange
Schiff + Berg	Falten
Wolken	Luftröhre

Karte 8: der Sarg
Wolken	Lungenentzündung
Ruten	kann nicht reden
Fuchs	Richtige Diagnose aber falsche Therapie
Hund	Krankheit im Freundeskreis
Mäuse	Krankheiten die den Darm betreffen
Mond	starke Psychische Belastung, Behandlung notwendig
Wege	lange Krankheit, die sich hinzieht
Herz	Herzerkrankung, die zum Herzinfarkt führen kann
Sonne	Erschöpfungszustand

Karte 9: die Blumen
Wolken	Bronchialasthma
Ruten + Eulen	vegetatives Nervensystem
Kind	Geschwülste / Kinderkrankheiten
Sarg + Sense	Gürtelrose

Karte 10: die Sense
Baum	Lebensgefahr
Sarg + Kreuz	unerwarteter Tod
Fuchs	Halsentzündung
Ruten	Schnittverletzung
Ruten + Wege	Wadenkrampf
Sarg	Spritzen bekommen / kranker Kopf
Berg	Knochenbruch
Mäuse	angegriffener Magen / Bauspeicheldrüse
Herz	Bluthochdruck
Mäuse	Bauchspeicheldrüse
Herz	hoher Blutdruck

Karte 11: die Ruten
Wolken	Gelenkschmerzen
Sarg	Rheuma
Fuchs	Ersatz-Gelenke
Berg	Sprachbehinderung
Herz	Herzrhythmusstörungen / schwankender Blutdruck
Fische	Fehlfunktion der Nieren

Karte 16: die Sterne
Sarg	Hauterkrankungen
Berg	Akne, Pickel
Berg + Eulen	Gedächtnisstörungen

Karte 21: der Berg
Ruten	Bandscheiben / Knochen
Eulen + Sarg	Knochenbruch
Lilie	Erektionsstörungen

Karte 24: das Herz
Wolken	Herzschwäche
Sarg	schwere Herzerkrankung
Blumen	Herzkranzgefäße
Mäuse	Herzneurose
Fische	dünnes Blut
Kreuz	Herzschlag

Karte 30: die Lilie
Wolken	Pilzerkrankung
Sarg	Krankheit der Sexualorgane
Blumen	Wucherungen an der Gebärmutter
Berg	Zahnkronen

Karte 31: die Sonne

Wolken	Sehschwäche
Eulen	unterschiedliche Sehstärken
Sterne	Nachtblind

Karte 32: der Mond

Schiff	Gehirnerschütterung
Berg	Verlust von Geistigem
Berg + Sterne	Phantomschmerzen

Karte 34: die Fische

Sarg	Nierenerkrankung / Lymphe
Sarg + Sense	Nierenentzündung
Sense + Sarg	Schilddrüsenerkrankung
Ruten + Eulen	gespaltene Persönlichkeit
Fuchs	Ersatzniere
Berg	Nierensteine
Wege	Lymphbahnen

Karte 36: das Kreuz

Reiter + Wolken	Asthma
Baum + Person	Tod, muss nicht sein
Sense	Verletzungen durch Unfall
Sense + Turm	tödliche Verletzungen
Sense + Kind	innere Verletzungen
Ruten	Steißbein
Turm + Sarg	Rückgrat

Gesundheitslegesystem

Vergangenheit   Gegenwart

Bezugs-karte   Verlauf

Zukunft II   Zukunft I

Das Gesundheitslegesystem ist hauptsächlich gedacht um auf bestehende Krankheiten zu legen, vor allem wie diese ausgehen, wie der Krankheitsverlauf sein wird.

Wir fangen hier immer mit der Bezugskarte, die Karte 5: der Baum in der Mitte an.
Die Karten 1 – 4 zeigen die Krankheit in der Vergangenheit, der Gegenwart und der Zukunft. Die Karten 5 – unendlich, zweigen den Verlauf der Krankheit.

Hiermit möchte ich Sie aber auf das dringlichste Hinweisen, das dieser Gesundheitsbereich, weder eine Diagnose noch den Besuch beim Arzt ersetzen kann. Es soll höchstens eine Hilfestellung sein, mit einer Krankheit zurechtzukommen.

Nachwort

Eigentlich ist es den Karten egal, ob wir an Sie glauben oder nicht. Sie werden es jedem der nicht an die Karten glaubt, beweisen das die Karten stimmen. Wenn Sie dieses Buch durchgearbeitet haben, sind Sie auch in der Lage Freunden, Bekannten und Kollegen die Karten zu legen. Allerdings sollte Sie sich der Verantwortung bewusst sein, die Sie tragen. Die Menschen, denen wir die Karten legen, glauben uns und leben danach. Diese Personen möchten immer Probleme geklärt haben, die sie mit sich tragen, auch wenn sie behaupten es ist nicht so. Egal wie perfekt das Äußere ist oder das Auftreten sicher, sie haben immer die Erwartung, dass wir ihnen helfen. Es sollte also außer dem Wissen aus diesem Buch auch noch einiges an psychologischem Einfühlungsvermögen und Geschick vorhanden sein. Versuchen Sie Ihrem Gegenüber eine Aufgabe zu geben, die ihm helfen soll seine Zukunft positiv zu beeinflussen. und schicken Sie ihn nicht einfach nachhause mit dem Hinweis er solle abwarten.

Gehen Sie immer bewusst mit den Karten um. Nutzen Sie sie dazu um sich persönlich weiter zu entwickeln. Probieren Sie es nicht, sich selbst die Karten zu legen, wenn Ihnen selbst nicht gut ist. Denn nur mit einem klaren Geist, werden Sie eine klare Antwort erhalten. Achten Sie darauf, Ihrem Gegenüber loyal zu sein.
Es heißt: Ihr Denken bestimmt Ihr Handeln und dadurch Ihre Zukunft.
Auch wenn Sie immer behaupten: "Ich denke immer Positiv, und trotzdem passiert Mist", dann muss ich Ihnen noch sagen, dass Sie wahrscheinlich doch oft negative Gedanken haben. Es sollte uns bewusst sein, daß wir täglich mehrere Gedankengänge nicht kontrollieren können. Wenn wir nun anfangen unsere Gedanken besser zu steuern, wird es uns auch ein bisschen glücklicher machen.

Nun wünsche ich Ihnen allen von ganzem Herzen, Glück und Freude, in Ihrem Leben und ich hoffe, ich habe mit diesem Buch einen Teil dazu beigetragen.

In Licht und Liebe
Ihre
Tina Schwendemann

Komplett-Angebot:

Buch: „Das Geheimnis des Kartenlegens nach Mlle Lenormand"
Kartensatz: 36 Legekarten nach Mlle Lenormand
Video: Workshop zum Kartenlegen, für eine sichere Deutung der Karten. Spieldauer 60 min

ISBN: 3-9809191-1-0
EUR 42,90

Kartensatz: 36 Legekarten nach Mlle Lenormand

ISBN: 3-9809191-2-9
EUR 7,50

Video: Workshop zum Kartenlegen, für eine sichere Deutung der Karten. Spieldauer 60 min

ISBN: 3-9809191-0-2
EUR 22,50

Buch in CD-Form: „Das Geheimnis des Kartenlegens nach Mlle Lenormand"

ISBN: 3-9809191-3-7
EUR 19,90

DVD: Workshop zum Kartenlegen, für eine sichere Deutung der Karten. Spieldauer 60 min

ISBN: 3-9809191-4-5
EUR 27,50

Komplett-Angebot:

Buch: „Das Geheimnis des Kartenlegens nach Mlle Lenormand"
Kartensatz: 36 Legekarten nach Mlle Lenormand
DVD: Workshop zum Kartenlegen, für eine sichere Deutung der Karten. Spieldauer 60 min

ISBN: 3-9809191-5-3
EUR 47,90